中文社会科学引文索引（CSSCI）收录集刊
CNKI中国学术期刊网络出版总库全文收录

中国社会工作研究
第十一辑

China Social Work Research

中国社会工作教育协会　编

王思斌　主编

社会科学文献出版社
SOCIAL SCIENCES ACADEMIC PRESS（CHINA）

致 谢

《中国社会工作研究》的出版得到了香港凯瑟克基金会的慷慨资助,特此表示感谢。

Acknowledgement

The publishing of *China Social Work Research* has been generously funded by the esteemed Keswick Foundation Ltd. , Hong Kong.

中国社会工作研究　第十一辑
编辑委员会

主　　　编：王思斌

本辑编辑组：（以姓氏笔画为序）
　　　　　　王思斌　孙立亚　刘　梦
　　　　　　陈树强　熊跃根

本辑执行编辑：熊跃根

The Editorial Board for the Eleventh Volume of *China Social Work Research*

Editor-in-Chief: Sibin Wang

The Editorial Board: Sibin Wang   Liya Sun

Meng Liu   Shuqiang Chen

Yuegen Xiong

The Executive Editor of this Volume:

Yuegen Xiong

目　录

[学术论文]

功能理论的历史演变、基本逻辑框架以及

  对社会工作的影响 …………………………………… 童　敏 / 1

"专业化",还是"去专业化"?

  ——论我国社会工作发展的两种话语论述 ……… 雷　杰 / 25

就业质量对城市居民幸福感的影响研究 …… 徐延辉　王高哲 / 41

医疗救助政策实施过程中的福利可获得性研究

  ——以唇腭裂儿童救助"重生行动"

    项目为例 ………… 史柏年　彭　振　马　烨　董小源 / 64

企业农民工赋权式融入的困境、内涵及对策研究

  ——基于八家大型企业的高端访谈与深度调研 … 刘建娥 / 104

失子之殇：社会工作介入失独家庭重建的

  本土化探索 …………………………………………… 黄耀明 / 128

就业促进/社会融合促进：贫困单亲母亲服务需求研究

  ——以南京市 K 区"彩虹项目"为例 …… 崔效辉　杜景珍 / 149

草根 NGO 资金获取的困境及对策分析：对北京 X

  基金会的个案研究 …………………………… 祝玉红　刘　思 / 170

[征稿启事]

《中国社会工作研究》征稿启事 ………………………………… / 187

Contents

Academic Articles

A Study on Historical Review of Functional Theory and
Its Impacts on Social Work Development

Min Tong / 1

Professionalisation or De-professionalisation?
—*An Analysis on the Two Discourses of Social Work
Development in China*

Jie Lei / 25

Analysis on the Relations between Urban Residents'
Employment Quality and Happiness

Yanhui Xu, Gaozhe Wang / 41

Research on Welfare Availability in Medicaid Policy Implementation
—*Through the Example of "the Reborn Action" Which Aimed at
Helping the Cleft Lip and Palate Children*

Bainian Shi, Zhen Peng, Ye Ma, Xiaoyuan Dong / 64

The Dilemma, Component, and Implication for Theory and
Practice on Inclusion of Rural-urban Migrants in China

Jian'e Liu / 104

Pain Owing to Losing a Child: The Localization of Social
Work Interventions in the Reconstruction of Family
Who Has Lost the Only Child

Yaoming Huang / 128

The Demands for Service of Poor Single Parent and Intervention
of Social Work
—*Take the Rainbow Project in Nanjing As an Example*
Xiaohui Cui, Jingzhen Du / 149
Obstacles and Strategies of Fund-raising of Grass-root
NGOs: A Case Study of X Foundation in Beijing
Yuhong Zhu, Si Liu / 170

Call for Papers / 187

[学术论文]

功能理论的历史演变、基本逻辑框架以及对社会工作的影响

厦门大学社会学与社会工作系　童　敏

摘　要　功能理论是西方社会工作专业化发展初期的一个重要的理论流派,它是社会工作者希望从精神病理学和精神分析学的依附中摆脱出来,建立自己的理论和实践基础的一次积极的理论尝试。但是到目前为止,对功能理论的研究非常少,特别是在国内,几乎无人问津。本文从历史的角度梳理功能理论产生的背景和演变过程,并且对功能理论的基本理论逻辑框架、主要概念以及对之后社会工作的发展产生的影响进行了详细的介绍和说明,以期对功能理论有一个系统、全面的了解和认识。

关键词　功能理论　社会工作　个人意志

功能理论与心理社会治疗模式共处同一时代,发展为社会工作专业化发展初期两个重要的理论流派(Dore,1990)。虽然功能理论也像心理社会治疗模式那样选择了精神分析理论作为自己的理论基础,但是它的理论逻辑框架与心理社会治疗模式存在根本不同,它以机构功能作为其理论建构的核心概念。机构功能这个概念最早是由塔夫特

(Jessie Taft) 在 1937 年提出的，作为功能理论的代表，她在出版美国宾夕法尼亚大学 (the University of Pennsylvania) 第一本有关功能理论社会工作的出版物时，希望找到一个核心概念，能够将自己所推崇的这一社会工作理论流派与其他注重精神分析的理论流派区别开来，她发现功能这个概念最为合适，能够将这一理论流派对帮助活动的社会场景和机构功能的关注凸显出来 (Robinson, 1962)。塔夫特认为，心理治疗有两种：一种是纯粹的心理治疗 (pure psychotherapy)；另一种是公共的心理治疗 (public psychotherapy)。纯粹的心理治疗由心理咨询师个人承担治疗的责任，确定治疗的方向；而公共的心理治疗需要依赖社会服务机构提供服务的资源，并且需要遵循社会服务机构的服务程序和要求 (Taft, 1937)。显然，社会工作属于公共的心理治疗，它的核心特点是社会服务机构功能的运用 (Faatz, 1953)。

随着社会工作实践的拓展，功能理论的内涵也在不断丰富。另一位功能理论的代表司麦里 (Ruth Elizabeth Smalley) 对功能理论进行了总结，认为功能理论的核心假设包括三个方面：一是对人性的认识，假设人是不断追求成长的，改变的核心动力在于服务对象自身，而不在于社会工作者，社会工作者所要做的是运用人际关系的影响发掘和调动服务对象的成长潜能；二是对个案工作目标的理解，强调社会工作不是心理治疗，而是对特殊社会服务的管理和输送，是在社会服务机构所提供的目标、任务和要求下开展的具体的帮助活动；三是对帮助过程的界定，认为社会工作是一个帮助 (helping) 过程，而不是一个治疗 (treatment) 过程。虽然社会工作者在整个帮助过程中起到引导的作用，但既不需要预先对服务对象进行分类诊断，或者预先设计治疗方案，也不需要预先保证治疗效果，而是运用社会服务机构所能提供的资源与服务对象一起寻找可以改善的方面 (Smalley, 1970)。

尽管不同的学者对功能理论的核心内涵有不同的理解，功能理论的形成和发展都离不开美国宾夕法尼亚大学社会工作系师生的努力，特别是塔夫特、罗宾森 (Virginia Robinson)、普雷 (Kenneth L. M. Pray) 和司麦里等的艰辛探索，使得功能理论成为与心理社会治疗模式 (诊断学派) 并列的另一重要的社会工作理论流派 (Timms, 1997)。

一　功能理论的演变

第一次世界大战期间，社会工作开始渗透到精神健康领域，出现了精神科的社会工作（psychiatric social work）。在推动社会工作走进医院的过程中，除了美国史密斯学院社会工作学院的负责人杰雷特（Mary Jarrett）做出了很大的贡献之外，还有一位后来成为创建和推动功能理论的核心人物——塔夫特——也发挥了积极的作用。作为一位儿童心理学家，塔夫特和杰雷特一样，希望能够为社会工作找到理论基础，她们俩一起在1919年亚特兰大的美国社会工作年会上倡导精神科的社会工作，以精神病理学作为社会工作的学科理论基础，并且在随后的社会工作训练课程中推广精神卫生方面的知识（Taft，1919）。

起初，塔夫特只是希望能够借助引入精神病理学解决社会工作专业理论基础不清、专业地位不高的难题，让社会工作有一个坚实的发展基础（Taft，1920）。但是，不久塔夫特就发现，这样的尝试并没有取得预想的结果，而且还会产生与社会工作基本价值理念不一致的一些负面的影响（Timms，1997）。塔夫特在实践中逐渐认识到，如果以精神病理学作为社会工作的理论基础，就会不自觉地以科学理性的思维方式规划社会工作专业服务，使社会工作成为在科学名义下控制人的行为的工具（Taft，1922）。这样，不仅导致社会工作无法与精神病理学区分开来，没有自己独立的学科地位和发展空间，而且还会出现忽视社会工作自身独特专业实践经验的问题（Taft，1927）。1933年，塔夫特在反思精神科社会工作实践经验的基础上提出了一种新的社会工作专业服务的设想：在这种专业服务中，社会工作者运用的不是科学理性的分析，而是一种独特的专业自我，一种摒弃了控制要求并且充满价值和关怀的真正自我（Robinson，1962）。

虽然在当时社会学也慢慢开始受到精神病理学一些观点的影响，但是毕竟社会学无法给社会工作者提供直接的实务指导，因此社会工作者更倾向于选择心理学理论作为自身学科的理论基础（Taft，1923）。像其他社会工作者一样，塔夫特也在寻找社会工作的理论基础。她在20世纪20年代初偶然参加了在美国亚特兰大举办的国际精神分析大会，倾听了德国精神分析学家兰恩克（Otto Rand）所做的一场报告，之后就折服于兰恩克的观点。接着，塔夫特利用自己在美国宾夕法尼亚大学做社会工作兼职教师的关系，安排兰恩克在宾夕法尼亚大学做开学演讲，并在1924年美国精神分析协会的一次会议上与兰恩克签订了工作合同（Taft，1924）。此后，兰恩克与美国宾夕法尼亚大学就学术讲座和课程教学开始了一系列合作。为了让更多的人了解兰恩克的观点并且把兰恩克的观点运用到社会工作实践中，塔夫特与当时的美国宾夕法尼亚大学社会工作系主任助理罗宾森一起着手兰恩克思想的挖掘和翻译工作（Dore，1990）。兰恩克的观点之所以这么吸引塔夫特，是因为兰恩克强调心理治疗中社会因素的重要性，认为单纯的个人治疗是无法消除社会问题的。而这一观点正好与塔夫特的教育经历相吻合。塔夫特在美国芝加哥大学攻读博士学位期间，正好是社会心理学家米德（George Herbert Mead）担任芝加哥大学社会学系系主任的时期（米德，1992）。塔夫特的观点显然受到了米德的影响，注重社会因素对人的作用（Robinson，1978）。

兰恩克是弗洛伊德的得意门生，他与弗洛伊德保持了长达二十多年的亦师亦友的关系（Stein，2010）。在21岁时，兰恩克就被正式邀请参加由弗洛伊德组织的每周一次的学术沙龙，并且被聘为秘书，负责整个沙龙的组织联络工作（Stein，2010）。兰恩克与弗洛伊德以及其他弗洛伊德的追随者不同，主要受到人文学科和艺术的熏陶，没有接受过正规的医学训练，因此更乐于从文化和社会的角度观察与理解个人人格的发展（Dore，1990）。兰恩克认为，人格就像艺术一样，是一个过程，是一个人不断调整和改变的成长过程（Stein，2010）。兰恩克还从艺术的角度对弗洛伊德的释梦进行了重新解释，认为弗洛伊德的根本错误是把释梦作为手段说明病理的机制（Stein，2010）。到20世纪20年代，沙龙内部的学术冲突和争论变得越来越激烈。兰恩克慢慢从临床经验中总结自己的看法，开始怀疑弗洛伊德对无意识的本能解释，他发现孩子在出生后与母亲分离的经验以及由此产生的焦虑对孩子的成长起着关键的作用。兰恩克称这种现象为出生创伤（the birth trauma），并且以此为基础对弗洛伊德的无意识以及俄狄浦斯情结等精神分析的核心概念进行修订（Makari，2008）。兰恩克的这些观点可以说是革命性的，与弗洛伊德所倡导的精神分析存在根本不同，由此他与弗洛伊德的关系也变得越来越紧张。出于无奈，兰恩克最终选择离开维也纳到法国和美国寻找工作机会（Stein，2010）。在美国，兰恩克的观点受到了欢迎，特别是他把心理治疗的重点放在如何处理病人现在的关系和情绪困扰以及如何加快与母亲的分离和个人的成长，使得心理治疗变得更加简单（Lieberman，1985）。1929年，兰恩克与弗洛伊德的合作关系正式破裂，接着兰恩克在美国遭到了冷遇，不再被美国精神分析协会接受（Dore，1990）。

塔夫特作为为数不多的兰恩克的坚定追随者，在兰恩克身陷困境时，也没有放弃对他的支持。塔夫特与罗宾森一起尝试把兰恩克的想法和观点整理出来，并且把它们运用于社会工作专业实践中，为社会工作创建一种新的理论模式（Stein，2010）。起初，塔夫特并没有意识到兰恩克和弗洛伊德之间的差别，但随着与兰恩克交往的加深，塔夫特自己也经历了内心痛苦的挣扎，慢慢学会面对弗洛伊德理论的不足和局限性，特别是兰恩克对自我意志的强调，让塔夫特找到了将机构功能的概念与精神分析的观点结合起来的连接点（Robinson，1962）。兰恩克正式脱离弗洛伊德的精神分析学派之后，开始专心于自己的理论建构工作，他以个人以及个人的意志为理论核心，注重个人与父母亲以及环境之间的互动交流，并且强调现实的局限性是个人成长的一部分。这些观点后来成为功能学派理论框架的重要组成部分（Taft，1978）。

在功能学派形成过程中，还有一位重要人物——普雷，他对功能学派发展方向和路径的选择起到了极其重要的作用。1916年，普雷来到美国宾夕法尼亚大学开始自己的教书生涯，从1922年到1946年，他一直担任美国宾夕法尼亚大学社会工作系主任。由于普雷接受的是政治学的教育，并且曾当过记者和社区组织者，因此他强调从社会的角度解释个人的问题（Dore，1990）。自从当上美国宾夕法尼亚大学社会工作系主任之后，普雷就开始着手对社会工作课程进行改革，取消了精神卫生方法课程，取而代之的是那些强调从社会环境角度解释问题的新课程。普雷的这些措施让宾夕法尼亚大学社会工作系走上了与其他学校不同的发展道路。正当其他学校积极引入弗洛伊德的精神分析理论把个人视为改变的核心时，宾夕法尼亚大学却坚持从社会的角度理解个人的行为（Dore，1990）。

在普雷之后，司麦里接任美国宾夕法尼亚大学社会工作系主任。

司麦里是另一位功能学派的重要倡导者，她对功能理论进行了系统的总结和整理，并且将它进一步发扬光大（Dunlap，1996）。尽管与心理社会治疗模式相比，直接采用功能理论的学校和机构并不多，但功能理论的一些基本原理和方法却被广泛运用于个案、小组和社区社会工作的实践以及督导、行政和教育等不同的社会工作领域（Dunlap，1996）。

除了兰恩克之外，作为功能学派的创建者，塔夫特和罗宾森都受到美国实用主义代表杜威（John Dewey）和米德观点的影响。1909年，在美国芝加哥大学攻读博士学位的塔夫特遇到了罗宾森，罗宾森此时正好在参加芝加哥大学的暑期培训项目（Robinson，1978）。两人在美国芝加哥大学实用主义哲学的熏陶下开始合作，一起寻找社会工作的理论基础，她们认为个人的自我产生于社会互动过程中，脱离了社会互动过程，个人的自我也就不存在（Yelaja，1986）。这样的观点与兰恩克的基本理论假设是一致的，强调个人在人际交往过程中运用人际交往的经验发掘和提升自身的独立生活能力（Smalley，1967）。塔夫特在1916年的早期论著中就已经开始关注和了解米德的思想与观点，并且尝试从社会的角度解释社会现象（Taft，1916）。此外，功能学派在发展过程中还融入了美国心理学家奥尔波特（Gordon Allport）有关个人自主性的论述、勒温（Kurt Lewin）对改变环境的关注以及埃里克森（Erik Erikson）对人生每一发展阶段面临不同任务的动态分析等学者的观点与想法（Dunlap，1996）。

功能学派的成长离不开与当时占主导地位的诊断学派的争论。尽管功能学派批评诊断学派以弗洛伊德的理论为基础过分关注个人，忽视了人的问题是社会性的，认为他们自己从社会的角度解释人们面临的问题，这种视角比诊断学派所用的视角更接近事实，但功能学派也同样无法摆脱注重个人意志作用的兰恩克心理学理论的限制（Timms，1997）。功能学派与诊断学派的争论为社会工作者和服务对象提供了不同的专业服务方法和路径，不过同时也给社会工作实践带来了困惑，让社会工作者发现，无论社会工作实践还是社会工作理论建构，都存在不同的理解，甚至完全相反的解释，使社会工作的一致性和专业性面临质疑（Robinson，1978）。为了树立社会工作的专业形象，1947年美国家庭服务协会（the Family Service Association of America）专门成立了一个工作小组，负责对功能学派和诊断学派思想脉络的整理和研究工作，希望找到两者共同拥有的理论逻辑框架和基本概念。这个工作小组的最终调研报告称，功能学派和诊断学派从理念到方法都存在巨大差异，不存在共同的理论逻辑框架（Kasius，1950）。一直到1957年，波尔曼（Helen Harris Perlman）综合了功能学派和诊断学派的思想，提出问题解决模式，这才让社会工作者重新看到了整合的希望（Dore，1990）。

实际上，自始至终功能学派都处于争论的中心。作为功能学派的理论基础，兰恩克的人格理论从一开始就面临大多数社会工作者的质疑（Austin，1939）。不过，在随后的发展过程中，兰恩克的影响却越来越广泛，从自我心理学到客体关系理论，再到依恋理论（Attachment Theory），都可以看到兰恩克的影子（Stein，2010）。就连人本治疗模式的代表人物罗杰斯（Carl Rogers）也被兰恩克的思想深深吸引，在1936年专门邀请兰恩克参加为期三天的研讨会，并且公开地指出正是兰恩克的一些思想使他产生了创建人本治疗模式的想法，把促进个人的成长作为辅导的目标，而不是局限于某个具体问题的解决（Kramer，1995）。

功能学派的发展之所以受到很大的限制，与它自身对科学性的忽视有关——不注重收集服务过程和效果的科学研究证据。特别是在发展的早期社会工作以追求专业化和科学性为目标，如果忽视科学研究证据，就意味着社会工作无法获得社会的认可（Dore，1990）。在治疗学派看来，功能学派还有一个致命的弱点，那就是以机构功能作为服务安排的重点，而不是以服务对象的需求作为出发点组织服务过程，认为这样的设计只会阻碍社会工作者依据服务对象的需求开展服务，从根本上违背了社会工作的宗旨。汉密尔顿直接批评功能学派，强调机构的政策和程序应该服务于前来求助的服务对象（Hamilton，1940）。

尽管功能学派面临不少的批评和质疑，但它对社会工作实践和理论的发展都产生了重要的影响。与当时占主流地位的诊断学派不同，功能学派没有把服务的焦点放在专业技术的运用上，而是注重服务的过程，强调通过两个人或者多个人之间的合作过程促进个人成长（Simpson，Williams，& Segall，2007）。就功能学派而言，服务对象是自己生活的积极改变者，拥有自我决定的能力和权力（Dore，1990）；

同时服务对象又是社会成员，社会公平和公正与个人尊严同样重要。这样的观点影响了包括心理社会治疗模式在内的很多社会工作学派，成为社会工作者的基本信念，也是开展社会工作专业服务的前提（Simpson, Williams, & Segall, 2007）。功能学派对社会服务机构以及宏观社会环境影响服务过程和结果的强调，也受到社会工作者的普遍关注（Tosone, 2004）。特别是时间概念的运用，让社会工作者注意到在服务过程中需要考虑的一个基本的结构性因素。这个因素不仅在危机介入模式中得到了运用（Golan, 1978），而且在之后的任务中心模式（Dore, 1990）以及生态视角中都有所体现（Germain, 1976）。此外，像对母子关系、现时互动过程以及个人差异性的强调，都对社会工作理论和实践产生了广泛影响（Dore, 1990）。

二 功能理论的逻辑框架

功能理论也受到精神分析理论的影响，但它与心理社会治疗模式不同，不是以弗洛伊德的理论为基础，而是把兰恩克的人格理论作为其基本的逻辑框架，强调成长是人的基本需求，社会工作者所能做的不是帮助服务对象解决问题，而是帮助服务对象成长，是在特定的机构服务架构下借助良好的辅导关系与服务对象一起寻找改变的方法（Dunlap, 1996）。显然，功能理论逻辑框架的核心是对人格的看法，它在以下几个方面与弗洛伊德的理论存在根本的差别：首先，弗洛伊德的理论把无意识视为个人行为的决定因素，而功能理论则强调个人意志的作用，认为意志是个人人格的核心力量；其次，弗洛伊德的理论注重分析个人感受和态度的内在冲突，而功能理论把抗争意志（the counter-will）作为个人寻求独特性的自然表现；再次，弗洛伊德的理论分析聚焦于过去，强调过往经历对个人行为的影响，而功能理论的分析焦点集中在现在，认为现在的经历是个人未来发展的基础。正因如此，弗洛伊德的理论把移情视为治疗的有机组成部分，认为抗拒是所有治疗过程都需要处理的问题；而功能理论不认同这样的观点，它强调个人的独立性，注重个人内在的创造力（Aptekar, 1955）。个人意志在功能理论的逻辑框架中占有极其重要的地位，对它的理解是把握功能理论的关键。

1. 个人意志

由于对弗洛伊德的本能决定论不满，功能理论从创建初期就引入了兰恩克的观点，认为人是拥有生活目标并努力追求改变的个体，是自己命运的主宰者。虽然外部环境影响个人的成长，但最终决定个人命运的是每个人自己的选择（Dunlap，1996）。功能理论强调，当人面对外部环境的挑战时，他（她）不是被动地接受外部环境的影响，而是能够运用自己拥有的内部和外部资源做出积极的回应，选择自己的生活（Robinson，1930）。显然，功能理论希望借助对个人意志的肯定，用一种成长发展的视角取代弗洛伊德的病态视角（Dunlap，1996）。

在功能理论看来，所谓个人意志是指个人人格中的创造力，包含对事物的原创能力，它是对环境影响的积极回应，而不是被动地适应。这种力量不是简单地由本能决定的，它首次出现在婴儿与母亲分离的经历中，并且贯穿人的整个成长过程，是个人人格中的整合力量（Stein，2010）。司麦里称之为人格中的组织和控制力量（Smalley，1967）。正是借助个人意志这种人格中的力量，人才能在特定的环境限制中依据自己所要追寻的目标通过不断调整自己和改善外部环境促进个人自身的成长（Smalley，1970）。值得注意的是，功能理论对个人意志的能动作用的认识与弗洛伊德的理论不同：虽然弗洛伊德的理论也认为个人的自我具有适应环境的功能，但这种适应功能是比较被动的，而且不是人格中的决定力量；① 功能理论则不同，它把个人意志视为人格中的核心力量，强调个人在自身的成长过程中发挥积极的作用，而且由于受到个人意志的推动，人总是生活在不断寻求发展和成长的过程中（Faatz，1953）。

个人意志这个概念最早是由兰恩克提出的，后来经塔夫特介绍给功能学派，成为功能理论最基本的概念之一（Dunlap，1996）。兰恩克在解释个人意志时强调，人格中有一种复杂的整合力量，蕴含着创新的想法、感受和行动的能量（Dunlap，1996）。因此，人的改变动力来自个人内部，是个人意志作用的体现（Dore，1990）。不过，兰恩克在理解个人意志时，是把它放在人际交往中的，认为每个人都处在他

---

① 有关弗洛伊德的观点可以参阅弗洛伊德，1986：166~175。

人的影响下，一方面寻求个人独立，另一方面又需要依赖别人。正是在这种相互对立的矛盾中每个人做出自己的选择，以整合生活的不同方面，促进自身的成长。因此，可以说，每个人的成长都离不开个人意志的作用，它是个人成长过程中的组织和控制力量（Stein，2010）。依据个人意志所发挥的作用，兰恩克又提出了心理逻辑（psychic causality）的概念，强调每个人对生活事件的理解不仅仅停留在弗洛伊德所说的意识层面，同时还包括伦理和价值判断，这些判断是支持个人意志选择的依据。兰恩克称之为个人意志的伦理属性（Rank，1978）。显然，兰恩克在理解个人意志时采用了与弗洛伊德不同的思路，他不是从本能中寻找冲突的根源，而是认为人的成长过程就处在不断的冲突中，使人在生活中必须面对丧失个人独立性的威胁，从而形成人对永恒的追求（Stein，2010）。兰恩克甚至把心理学分为两种：科学的心理学和有关心灵（the soul）的心理学。他坚持认为，像弗洛伊德的理论那样的科学的心理学虽然来自有关心灵的讨论，但在追求科学的过程中却忽视了人的心理的最核心的因素——心灵——的作用（Rank，1996）。

兰恩克有关个人意志的论述让功能学派认识到在人的成长过程中个人的独立性发挥着重要作用，这促使功能学派把服务的焦点集中在对个人独立性的寻找和确认上，而不是治疗方法的设计和运用上（Timms，1997）。因此，在功能学派看来，个人的问题不是产生于儿童时期的创伤经历，而是缘于在成长过程中受到独立性和依赖性两种相互对立要求的拉扯（Dore，1990）。个人意志的作用就是帮助个人在这种相互对立的矛盾要求中找到独特的整合方式，维持两方面要求的平衡，保证个人的独立性（Dunlap，1996）。

在兰恩克看来，个人意志的产生与个人的内疚感（guilt）直接相关。一个人出生之后就会在母亲的照顾下寻求某种程度的独立，自然而然也会出现个人意志。这样，个人意志的产生就与母亲的关心和照顾联系在一起，使人陷入成长的困境：一方面寻求个人的独立，产生个人意志；另一方面又担心失去母亲，出现内疚。因此，个人意志的成长总是伴随着内疚的感受，直到这个人慢慢接纳内疚，此时也意味着，他（她）已经能够处理因分离而产生的担心和紧张，把母亲或者其他身边的人当作独立的个体来看待。因此，在兰恩克的理解中，内疚不是对自己本能冲突的担心，而是个人意志发挥作用的表现，它促使个人学会关爱他人和整合自身的不同经验（Stein，2010）。根据担心对象的不同，兰恩克又将内疚感受细分为两种：对生的担心（fear of life）和对死的担心（fear of death）。对生的担心是指个人在寻求独立过程中的担心，对死的担心则是个人对害怕失去独立的担心。兰恩克认为，个人的成长过程总是充满了这两种不同的担心，个人意志是在对两种担心的选择中逐渐成长的（Stein，2010）。

除了个人意志之外，兰恩克还提出抗争意志的概念，他认为个人意志首先表现为不想做什么的想法，不愿遵从他人或者社会的要求。在兰恩克看来，每个人在成长过程中都无法避免与他人或者社会的要求发生矛盾，因此与他人或者社会意志抗争就成了每个人实现个人意志的第一步（Dunlap，1996）。显然，抗争意志在实现过程中常常表现为对权威的抗拒（resistance），它反映的是个人对自我的维护，是个人对自身成长发展的要求，不是问题的表现（Dunlap，1996）。功能学派也接受了兰恩克有关个人意志的这些看法，强调人是有意志的个体，这种个人意志本身没有好坏之分，它在专业帮助过程中经常表现为抗拒——抗拒社会工作者或者其他权威施加的影响，社会工作者所要做的，不是消除服务对象的抗拒，而是利用抗拒中体现的个人意志，帮助服务对象学习整合生活中积极的和消极的经验（Smalley，1967）。因此，在功能学派的眼里，抗拒不再被视为一种危险的信号，表明帮助过程遭遇阻碍，而是作为服务对象个人能力的一种体现，与服务对象个人内在的改变要求直接相关联（Robinson，1962）。

在功能学派看来，罗杰斯所倡导的以来访者为中心的治疗模式是不现实的，因为没有哪个社会工作者在帮助服务对象的过程中能够不带有个人意志，保持中立的态度，这样的帮助方式不仅限制了社会工作者的主动性，而且也不利于服务对象个人意志的培养（Dore，1990）。功能学派更认同兰恩克的观点，把专业服务的帮助焦点集中在现在，并且通过设定时间这种方法帮助服务对象培养个人意志（Stein，2010）。

功能理论把诊断作为开展专业服务的第一步，目的是收集有关服务对象的资料，了解服务对象的生活状况，并且对服务对象的生活状况进行命名，以帮助服务对象找到改变的方法。功能理论认为，资料收集的重点是了解服务对象现在的生活状况，不是探询原因，只有当服务对象和社会工作者都认为过去某个事件或者某些经历影响了服务对象现在的生活状况时，社会工作者才可以和服务对象一起分析其过去的经历（Dunlap，1996）。功能理论的这一观点也影响了心理社会治疗模式对问题的探询方式。不过，值得注意的是，功能理论虽然使用了心理社会治疗模式的"诊断"概念，但它的内涵与心理社会治疗模式不同：不是为了对服务对象的问题进行"客观"分析，得出不带任何个人偏好的科学结论，而是从服务对象的角度理解服务对象目前的生活状况，并且通过这样的理解过程了解社会工作者和服务对象的异同，从而在专业服务的帮助过程中区分出社会工作者和服务对象各自不同的要求，找到并且维持比较合理的社会工作者的帮助角色（Dunlap，1996）。正是基于这样的规划和考虑，功能理论强调，它与心理社会治疗模式不同，专业帮助的重点不是那些希望找到解决问题具体方法的服务对象，而是希望改善自己目前生活状况的个体，只有服务对象愿意改变时，改变才可能发生（Dunlap，1996）。

显然，功能理论对个人意志的理解与弗洛伊德的理论不同，不是把它当作个人人格的一部分，而是作为个人理解和组织生活经验并且实现个人成长的视角与方式。因此，塔夫特和司麦里等功能学派的代表要求社会工作者用个人意志的概念替代弗洛伊德理论的自我概念（Smalley，1967）。

2. 个人参与

在专业服务的安排上，功能理论有一个根本转变，它不像心理社会治疗模式那样，由社会工作者设计和规划专业治疗活动，指导服务对象解决问题，而是以服务对象为中心组织安排专业服务活动，由服务对象引导整个专业服务的进程（Faatz，1985）。功能理论认为，不管社会工作者如何同情服务对象的遭遇或者善于运用专业服务的技巧，他（她）在专业服务过程中必须接受一个现实：无论接受还是拒绝专业服务，都需要由服务对象自己做出决定，只有服务对象愿意接受社会工作者提供的帮助时，社会工作者的作用才能发挥出来，否则社会工作者施加的影响越大，服务对象个人意志的成长空间越小（Taft，1932）。即使服务对象愿意接受他人的影响，也不意味着服务对象的改变能够顺利发生。实际上，改变总是伴随着新的不安全和不稳定的因素，总是夹杂着抗拒。因此，塔夫特强调，只有当服务对象面临发展的困境时，他（她）才可能克服因改变带来的担心，寻找新的发展机会（Taft，1950）。

显然，在功能理论看来，服务对象的个人参与之所以重要已经不是一个调动服务对象的参与热情和动力的技术问题，而是有关服务对象在个人成长和发展过程中的位置和作用的哲学理解（Dore，1990）。功能理论认为，服务对象的改变源于他（她）自己的个人意志，专业服务的安排自然也需要围绕服务对象，通过服务对象的个人参与，才能保证服务对象在与他人以及环境的交流过程中经验个人意志的成长过程，包括学习整合生活中的不同经验和了解自己的真实需求所在（Taft，1937）。普雷甚至不惜冒功能理论可能因专业性和科学性不足而被质疑的风险，坚持认为，促使服务对象发生改变的既不是社会工作者，也不是社会工作的专业服务技术，而是服务对象自己（Pray，1949）。

正是基于对个人意志和个人参与在成长过程中的作用的理解，功能理论提出从服务对象开始（starting where the client is）的专业服务原则，这项原则已经被广泛视为社会工作专业服务的基本指导原则，它要求社会工作者从服务对象的角度理解他（她）所面临的问题，并且根据服务对象的要求组织安排社会工作专业服务（Jockel，1937）。根据这项专业服务原则，功能理论认为，应该由服务对象而不是社会工作者选择需要解决的问题，只有服务对象认可这样的选择并且愿意为此付出努力时，服务对象的改变和成长才有可能发生（Taft，1937）。功能理论假设，服务对象表现出来的问题就是他（她）的真实需要，不存在弗洛伊德理论所说的问题只是表征，问题背后隐藏着更深层次的需求甚至无意识的冲动。因此，功能理论认为，只有服务对象最了解自己的经历和处境，是自己问题的专家，社会工作者所能做的不是指导服务对象，而是挖掘服务对象的潜力，调动服务对象的改变动力，并且支持服务对象自己做出选择。即使服务对象选择放弃改变，也是服务对象自己的决定，也同样需要社会工作者予以肯定和尊重（Taft，1933）。功能理论的这一看法融合了兰恩克有关自我的认识，强调服务对象的改变源于服务对象自己的探索，是服务对象在追求自己认定的目标过程中为消除内心的矛盾和冲突所做的努力（Timms，1997）。当然，这样的改变需要一定的环境和支持，这就是功能理论倡导的一种独特的专业服务关系。

3. 体验式的互助关系

社会工作者与服务对象之间建立一种什么样的专业服务关系，是功能理论重点考察的内容，它关系到社会工作者通过什么样的方式施加自己的影响，帮助服务对象展现和增强个人意志（Rank，1945）。尽管功能理论强调专业的帮助关系是服务对象实现改变必不可少的条件，但需要注意的是，功能理论对专业服务关系有自己的理解，不是把它当作社会工作者施加影响的前提和工具，而是作为服务对象展现个人意志的场所。在功能理论看来，任何人的行为都受限于自己所处的环境，都是在与周围他人或者环境相互影响过程中的选择和回应，他（她）无法跳出自己所处的环境直接对他人的个人意志产生影响（Stein，2010）。社会工作者与服务对象之间的专业服务关系也一样，社会工作者对服务对象的影响也只有通过服务对象自己的选择和行动才能发挥作用。因此，功能理论认为，社会工作者与服务对象之间建立的专业服务关系始终都要围绕如何培养服务对象的个人意志，两者之间是一种互助的关系——不像平等交流的朋友，更像教学相长的师生。也就是说，在这样的专业服务关系中，社会工作者首先需要为服务对象创造一种积极有利的学习环境，让服务对象能够在挫折和困境面前发掘和运用自己的能力；其次，社会工作者还需要支持服务对象尝试运用自己的个人意志探索和拓展自己的生活，并且通过设定专业服务的时间帮助服务对象提升个人的独立性和自主性（Dunlap，1996）。

功能理论认为，社会工作者与服务对象之间的互助关系还有互动的特点，不仅社会工作者影响服务对象，而且服务对象也在影响社会工作者，这是一个相互影响的变化过程。在此过程中，服务对象把自己呈现在社会工作者面前，并且通过与社会工作者的交流，培养和提升自己的个人意志；同样，社会工作者对服务对象的了解也发生在与服务对象的互动过程中，通过回应服务对象在互动过程中的表现，支持服务对象运用个人意识所做出的探索和实践（Dore，1990）。因此，普雷在与心理社会治疗模式的争论中强调，功能理论所说的专业服务关系不是一种静止不变的人际关联，而是一种充满动力的交流过程，无论对服务对象还是社会工作者来说，都是个人意志实践的场所

(Pray，1947）。这样，功能理论所倡导的社会工作者与服务对象之间的专业服务关系包含了两个核心内容：专业关系和改变过程，这两部分的内容通过互动这个概念紧密联系在一起，不能分割。不仅服务对象的改变发生在专业关系中，从而推动专业关系的改变，而且专业关系的改变又为服务对象提供新的实践场所，推动服务对象进一步改变。由此，专业关系的性质也决定了专业服务的过程能否带动服务对象发生改变（Dunlap，1996）。

正是由于社会工作者与服务对象之间的专业关系具有互动的性质，因此功能理论极力反对通过理性逻辑的方式分析和认识服务对象，而是强调在互动过程中与服务对象共同经历期间发生的事情，这样，社会工作者才能真正了解服务对象。当然，相应地，功能理论也把社会工作专业服务的焦点从过去带回到现在，从注重分析服务对象过往的经历和遭遇的事件转变为协助服务对象体验此时此刻的经历（Rank，1945）。

功能理论吸取了兰恩克的观点，强调辅导面谈是社会工作者与服务对象两个生命的相遇，是两个生命相互影响的过程，有开始，也有结束。在这一过程中，帮助服务对象投入当下的互动过程中体验此时此刻的相遇，就成了专业服务的关键；相反，如果鼓励服务对象分析生活中的某个孤立事件或者由此产生的感受和想法，就会促使服务对象从现实的互动关系中脱离出来，与现实生活保持疏离的关系，从而妨碍服务对象对现实生活的理解（Taft，1958）。功能理论强调，只有当下才是唯一的现实，无论社会工作者还是服务对象都需要避免通过分析过往的经历或者探讨未来的发展或者借助客观理性的推论等方式破坏人的现实感（Robinson，1962）。对现在的关注几乎成了功能理论的重要标志之一。当然，这并不是说功能理论只关注现在，不考虑过去和未来。实际上，人的生活就是过去、现在和未来的混合。功能理论之所以强调现在，是把当下作为人的经验的基础，无论过去还是未来只有借助现在的经验方式才能对人的生活发挥作用（Dunlap，1996）。因此，在功能理论看来，对历史事件的了解是社会工作者的基本素质，它能够帮助社会工作者更好地了解周围环境的变化，并且根据周围环境的要求更有效地帮助服务对象处理面临的困扰。不过，要把历史放在服务对象现在的应对方式的框架中来考察（Dunlap，1996）。这样，服务对象才能放下过往的不幸经历的包袱，真诚地面对当下的互动，寻求个人的自主和独立（Timms，1997）。

功能理论认为，服务对象之所以把自己封闭于过往的经历中不顾现实的生活，不是因为他（她）喜欢那些经历，而是因为害怕现实生活，通过把自己封闭在过去，服务对象就能够让自己避免面对现实的困难（Stein，2010）。因此，功能理论倡导一种它称之为聚焦于当下（a moment-by-moment focus）的帮助方式，并由此带动服务对象逐渐学会放下担心和不安，接纳自己现在拥有的经历，与社会工作者保持一种真诚的交流。功能理论强调，专业帮助的核心是一种情感的经历，在这种经历中，通过聚焦于现在，让服务对象在回应他人的要求和环境的限制时学会接纳自己（Stein，2010）。

正是由于关注人的当下的感受和经验，功能理论对专业服务过程中人的理性分析能力所发挥的作用表示怀疑，认为经验的东西很多时候是模糊的，无法用清晰的概念来表达（Timms，1997）。功能理论认为，过分强调理性逻辑分析不仅使服务对象无法适应不断变化的人际交往环境，而且还会导致服务对象无力应对环境中的不确定因素（Robinson，1962）。社会工作者所能做的是鼓励服务对象用心体验当下的互动交流过程，了解自己与他人的交流方式，而不是运用理性分析能力探索过往经历中的内心感受和想法（Dunlap，1996）。正是基于这样的理解，功能理论要求社会工作者把自己界定为协助者，目的是帮助服务对象掌握实现目标所需要的工具和资源，并且协助服务对象了解环境中存在的限制，而努力的目标则需要由服务对象自己来确定，社会工作者无法替代服务对象做出选择（Dunlap，1996）。

功能理论吸收了兰恩克的观点，认为每个服务对象都是独特的，每一次辅导面谈也是独特的，社会工作者与服务对象之间的交流具有即时性和创造性等特征。因此，在功能理论看来，专业帮助既是一门科学，也是一门艺术（Stein，2010）。社会工作者所能凭借的不是具体的辅导技术，而是专业的自我，通过在专业帮助过程中与服务对象建立专业服务关系和保持相对独立的自我，让服务对象学会在与他人的交流中保持自我的独立性和自主性（Dunlap，1996）。功能理论甚至批评里士满（Mary Richmond），认为她的环境外在于服务对象的观点是根本错误的，同样一种环境对不同的服务对象来说具有不同的意义关联，而且社会工作者也无法根据服务对象的需要对环境进行重新组合，社会工作者所能做的是鼓励服务对象自己去探索和发现，并且协助服务对象在与周围环境的交流过程中学会培养自我的独立性（Robinson，1978）。

功能理论发现，社会工作者在开展专业服务呈现自我的过程中也是受到一定的环境条件——社会服务机构提供的基本服务框架和服务资源——限制的（Robinson，1962）。但是，功能理论认为，这不是专业帮助的不足，而是专业帮助的要素，就像服务对象的成长过程面临一定的生活限制一样，社会工作者在专业帮助过程中也会遭遇一定的限制。因此，社会工作者在专业帮助过程中不是简单地运用专业技巧输送社会服务机构的服务，提供社会服务机构的资源，而是运用个人意志在社会服务机构提供的条件下做出各种选择，保证为服务对象个人意志的选择和成长提供最佳的支持。正是在社会工作者这样的有技巧地提供机构服务的过程中，服务对象才能观察和体会到自我的力量，慢慢学习运用自己的个人意志，培养自我的独立性（Robinson，1962）。功能理论强调，虽然社会服务机构的服务框架和资源是基本固定的，但服务的过程却是变化的，需要社会工作者根据个人意志做出调整和选择，目的是与服务对象建立一种成长性的支持关系（Dore，1990）。司麦里称之为社会工作者运用专业自我的过程，她认为社会工作者的作用表现为在专业帮助过程中社会工作者所做的每一次选择（Smalley，1967）。

为了考察社会工作者在专业帮助过程中运用专业自我影响服务对象的具体过程，功能理论依据时间维度将专业帮助过程分为开始、中间和结束三个阶段，并且深入每一阶段了解社会工作者与服务对象的具体互动过程以及社会工作者发挥作用的方式（Robinson，1962）。在开始阶段，社会工作者所要展现的是对服务对象的信心和尊重，坚信不管服务对象以前经历了什么，现在都有能力做出改变。当然，社会工作者同时也要为服务对象的改变提供宽松、接纳的环境，让服务对象感到可以自由地表达内心的不安、担忧和困惑，放下自我防卫，做出自己喜欢的行动选择。一旦服务对象逐渐学会承担自己行动的后果时，专业服务就进入了中间阶段。在中间阶段，社会工作者的作用是通过挖掘和培育服务对象的能力帮助服务对象学会从更开阔的视野理解自己所处的环境，并且鼓励服务对象运用新的方式处理自己面临的困难，逐渐建立起自信心。到了结束阶段，服务对象同样面临成长的选择，过程中充满了担心和喜悦、不安和自信。如果专业帮助过程能够顺利结束，意味着服务对象能够承担起因专业服务关系结束带来的新的责任，服务对象也因此拥有了新的勇气和自信以及更加积极健康的自我（Dunlap，1996）。不过，功能理论强调，这三个阶段的社会工作专业帮助过程不是发生在真空中，也需要一定的社会环境作为条件，而且它们本身也受到社会环境的影响（Taft，1937）。

4. 机构功能

功能理论采取了与心理社会治疗模式不同的视角考察社会工作的专业帮助过程，提出另一个重要概念——机构功能，认为社会工作专业帮助过程发生在社会服务机构提供的特定的服务框架内，是社会服务机构承载的社会功能的体现（Dunlap，1996）。功能理论之所以强调机构的功能，是因为在功能理论看来，任何事情的发生都是有条件的，是在一定的环境条件下发生的，否则它就是不真实的。社会工作专业服务的环境就是社会服务机构，特别是机构的发展宗旨，它决定了机构服务的程序和形式，例如个案服务中的接案程序、申请表格、评估工具以及不同结案方式的采用等都涉及机构的基本定位。当然，机构的功能是不断变化的，这就需要机构不断地针对已有的服务程序和形式进行评估，以保证机构提供的专业服务与机构的发展宗旨相一致（Dunlap，1996）。

功能理论认为，作为社会工作者，他（她）只是社会服务机构的成员，他（她）有责任遵守机构的服务宗旨和有关的服务规定，他（她）所提供的服务也只是机构功能的直接体现。从身份认同来说，社会工作者是通过社会服务机构来确认自己的，服务对象只是社会工作者在机构服务中面对的工作对象。因此，功能理论强调，社会工作者在专业帮助过程中并不像心理社会治疗模式所说的那样围绕着服务对象的需求，而首先需要考察和理解机构的服务框架和功能（Timms，1997）；即使是社会工作者与服务对象之间的直接互动交流，从一开始也受到机构的服务目标和服务框架的影响，包括什么样的求助者可以成为机构的服务对象、什么样的服务对象可以获得什么样的服务等，都是由机构来决定的（Dore，1990）。尽管功能理论也承认，社会工作者的参与能够给机构的服务带来改变，而且机构也确实需要根据实际情况不断调整功能，但不管怎样调整，社会工作者在专业服务中都会面临特定社会服务机构所提供的服务框架的限制（Timms，1997）。在功能理论看来，了解和承认机构服务的限制是专业服务必不可少的要素，具有哲学层面的意义。社会工作者只有不让自己陷入对机构服务限制的仇恨和无视中，才能真正接纳和运用机构的功能，把限制作为促进自己以及服务对象个人意志成长的有效工具（Taft，1937）。

对服务对象来说，了解和承认机构服务的限制同样也是其自我成长不可缺少的条件（Dunlap，1996）。功能理论认为，机构功能是服务对象接受专业帮助的外部环境，了解了机构的功能，也就了解了专业服务的外部现实。服务对象只有学会如何运用机构所提供的有限资源满足自身成长的要求时，才能够懂得怎样面对生活中的困难，并且在困难面前积极寻找解决的办法，才能学会在现实的有限条件下寻找和实现自己的目标（Dore，1990）。

显然，在功能理论的逻辑框架中，个人意志和机构功能是两个紧密关联不可分割的概念，机构功能为个人意志的选择提供了必要的环境条件，是个人意志呈现的具体场所；而个人意志是机构功能的具体实现方式，是机构功能改变的动力所在（Dunlap，1996）。功能理论强调，接受服务是个人意志的选择，拒绝服务同样也是个人意志的重要体现方式，特别是当社会工作者面对非自愿求助的服务对象时，如何处理服务对象的拒绝就成了社会工作者向服务对象呈现个人意志选择原则的重要方式（Yelaja，1971）。值得注意的是，功能理论把机构功能视为一个持续变化的动态过程，不是一下子就能完成的，其间社会工作者需要处理服务对象在面对机构服务限制时的各种负面反应（Timms，1997）。功能理论坚持认为，社会服务机构所倡导的基本服务框架不能被视为社会工作专业服务的不足，而是必不可少的组成要素（Smalley，1967）。功能理论还由此告诫社会工作者，不要陷入全能的幻想中，社会工作者不是"救世主"，他（她）所提供的专业服务不仅受到一定环境条件的限制，而且只是多种不同专业服务中的一种（Smalley，1967）。

机构功能概念的提出，可以说是功能理论区别于其他社会工作理论的一个重要标志，它把社会工作者提供的专业帮助过程放在社会环境中来考察，关注现实生活的局限以及局限的克服（Yelaja，1986）。

功能理论认为，专业服务的局限首先表现为时间的限制，不管什么类型的社会工作专业服务，都有开始，也都有结束，通过时间这个媒介社会工作专业服务才能够顺利展开。对社会工作者来说，他（她）可以借助设定时间这种方法有意识地推动服务对象面对生活中的冲突，调动服务对象的改变意愿（Dunlap，1996）。特别是服务结束阶段的运用，把服务的结束也作为服务对象寻求改变和成长的机会，让服务对象拥有独立面对未来生活困难的勇气和信心（Dore，1990）。至于多少次服务面谈是比较理想的时间安排，功能理论没有给出具体的答案，它认为设定时间并不意味着固定时间的安排，一项合适的时间安排应该保证时间的设定能够推动服务对象融入与社会工作者的当下互动中（Dunlap，1996）。

在功能理论看来，设定时间对社会工作者来说也是非常必要的，它让社会工作者不是关注如何运用自己的专业技巧影响服务对象，而是注重如何确认自己的责任帮助服务对象提升个人意志。这样，专业服务考察的重点就自然转向社会工作者与服务对象的互动过程，了解服务对象如何运用社会工作者提供的帮助投入当下的互动交流中（Timms，1997）。功能理论认为，对时间的运用反映了一个人的基本生活方式，通过设定时间，社会工作者不仅可以明确机构的服务目标和要求，而且可以向服务对象展示如何积极运用时间这个条件，增强服务对象个人意志的选择能力（Taft，1932）。功能理论强调，社会工作是一种反映社会要求的制度化的专业服务，既需要体现机构的要求，又需要展现对个人的关怀（Timms，1997）。

三 总结

尽管功能理论从个人意志和机构功能的独特理论视角理解与解释社会工作，为社会工作者提供了宝贵的经验，但是它也面临许多质疑，其中最为尖锐的批评来自心理社会治疗模式。心理社会治疗模式认为，强调服务对象个人意志的作用虽然能够体现对人尊重的社会工作原则，但同时也会给服务对象带来过大的自由选择的压力，特别是对身处困境的服务对象来说，是否具备这样的个人意志的选择能力值得怀疑。功能理论对机构功能的关注也是心理社会治疗模批评的焦点，心理社会治疗模式担心这样的理论框架设计是否会导致过分关注机构的要求和规范。另外，功能理论对专业服务技巧和科学研究的忽视也给社会工作者造成了不小的困惑，妨碍了人们对功能理论的学习和传播（Timms，1997）。不过，值得一提的是，功能理论是社会工作者在专业发展初期的一种积极尝试，它希望把社会工作从精神病理学和精神分析学的依附中解脱出来，建立自己的理论基础和实践基础（Timms，1997）。正如功能理论的代表罗宾森所说，除非社会工作找到自己的实践基础，并且掌握了其他助人专业所没有的理论和技术时，它才可能生存和发展下去（Robinson，1962）。

参考文献

《弗洛伊德后期作品选》，林尘、张唤民、陈伟奇译，上海：上海译文出版社，1986，第166~175页。

乔治·H.米德：《心灵、自我与社会》，赵月瑟译，上海：上海译文出版社，1992，"译者的话"第8页。

Aptekar, H. H. (1955). *The Dynamics of Casework and Counseling*. Boston: Houghton Mifflin, p. 35.

Austin, L. N. (1939). The Evolution of Our Case Work Concepts. *Family*, 19 (2), pp. 48 –49.

Dore, M. M. (1990). Functional Theory: Its History and Influence on Contemporary Social Work Practice. *Social Service Review*, 64 (3), pp. 358 –374.

Dunlap, K. M. (1996). Functional Theory and Social Work Practice. In Francis J. Turner (4 ed.), *Social Work Treatment: Interlocking Theoretical Approaches* (pp. 319 – 340). New York: The Free Press.

Faatz, A. (1953). *The Nature of Choice in Casework Process*. Chapel Hill: University of North Carolina Press, pp. 34 –43.

Faatz, A. (1985). *The Nature of Choice and Other Selected Writings*. New York: AMS, p. 17.

Germain, C. B. (1976). Time, an Ecological Variable in Social Work Practice. *Social Casework*, 57 (1), pp. 419 –426.

Golan, N. (1978). *Treatment in Crisis Situation*. New York: The Free Press, p. 43.

Hamilton, G. (1940). *Theory and Practice of Social Casework*. New York: Columbia University Press, p. 128.

Jarrett, M. C. (1919). The Psychiatric Thread Running Through all Social Work. In *Proceedings of the National Conference of Social Work* (pp. 587 –593). Chicago: Rogers & Hall.

Jockel, E. (1937). Movement toward Treatment in the Application Interview in a Family Agency. *Journal of Social Work Process*, 1 (1), pp. 32 –40.

Kasius, C. (ed.) (1950). *A Comparison of Diagnostic and Functional Casework Concepts*. New York: Family Service Association of America, p. 5.

Kramer, R. (1995). Carl Rogers Meets Otto Rank: The Discovery of Relationship. In T. Pauchant & Associates (eds.), *In Search of Meaning: Managing for the Health of Our Organization, Our Communities, and the Natural World* (pp. 197 – 223). San Francisco, CA: Jossey-Beguass.

Lieberman, E. J. (1985). *Acts of Will: The Life and Work of Otto Rank*. New York, New York: The Free Press, p. 233.

Makari, G. (2008). *Revolution in Mind*. New York, NY: Columbia University Press, p. 117.

Pray, K. L. M. (1947). A Restatement of the Generic Principles of Social Casework Practice. *Journal of Social Casework*, 28 (1), pp. 283 – 290.

Pray, K. L. M. (1949). *Social Work in a Revolutionary Age and Other Papers*. Pennsylvania: University of Philadelphia, p. 249.

Rank, O. (1945). *Will Therapy and Truth and Reality* (J. Taft, Trans.). New York: Knopf.

Rank, O. (1978). *Will Therapy: The Therapeutic Applications of Will Psychology* (J. Taft, Trans.). New York, NY: Knopf (Original work published 1929), pp. 44 – 45.

Rank, O. (1996). Psychology and the Soul. *Journal of Religion and Health*, 35 (3), pp. 193 – 201.

Robinson, V. P. (1930). *A Changing Psychology in Social Casework*. Chapel Hill: University of North Carolina Press, p. 24.

Robinson, V. P. (ed.) (1962). *Jessie Taft: Therapist and Social Work Educator*. Philadelphia: University of Pennsylvania Press.

Robinson, V. P. (ed.) (1978). *The Development of a Professional Self: Teaching and Learning in Professional Helping Processes Selected Writings, 1930 – 1968*. New York: AMS Press, p. 147.

Simpson, G. A., Williams, J. C., & Segall, A. B. (2007). Social Work Education and Learning. *Clinical Social Work Journal*, 35 (20), pp. 3 – 14.

Smalley, R. E. (1967). *Theory for Social Work Practice*. New York: Columbia University Press.

Smalley, R. E. (1970). The Functional Approach to Casework. In R. W. Roberts and R. H. Nee (eds.), *Theories of Social Casework* (pp. 77 – 128). Chicago: University of Chicago Press.

Stein, E. S. (2010). Otto Rank: Pioneering Ideals for Social Work Theory and Practice. *Psychoanalytic Social Work*, 17 (2), pp. 116 – 131.

Taft, J. (1916). *The Women Movement from the Point of View of Social Consciousness*. Chicago: University of Chicago Press, p. 57.

Taft. J. (1919). Qualifications of the Psychiatric Social Worker. In *Proceedings of the National Conference of Social Work* (pp. 593 – 599). Chicago: Rogers & Hall.

Taft, J. (1920). The Problems of Social Casework with Children. In *Proceedings of the National Conference of Social Work* (pp. 372 – 378). Chicago: University of Chicago Press.

Taft, J. (1922). The Social Worker's Opportunity. In *Proceedings of the National Conference of Social Work* (pp. 368 – 372). Chicago: University of Chicago Press.

Taft, J. (1923). Progress in Social Casework in Mental Hygiene. In *Proceedings of the National Conference of Social Work* (pp. 336 – 341). Chicago: University of Chicago Press.

Taft, J. (1924). *Otto Rank*. New York: Julian, See foreword.

Taft, J. (1927). The Function of a Mental Hygienist in a Children's Agency. In *Proceedings of the National Conference of Social Work* (pp. 396 – 401). Chicago: University of Chicago Press, p. 396.

Taft, J. (1932). The Time Element in Therapy. In *Proceedings of the National Conference of Social Work* (pp. 8 – 14). Chicago: University of Chicago Press.

Taft, J. (1933). *The Dynamics of Therapy in a Controlled Relationship*. New York: Macmillan, See "Conclusion".

Taft, J. (1937). The Relation of Function to Process in Social Case Work. *The Journal of Social Work Process*, 1 (1), pp. 1 – 18.

Taft, J. (1950). A Conception of the Growth Process Underlying Social Casework Practice. *Social Casework*, 31 (8), pp. 311 – 318.

Taft, J. (1958). *Otto Rank: A Biographical Study Based on Notebooks, Letters, Collected Writings, Therapeutic Achievements and Personal Associations*. New York: Julian Press, p. 126.

Taft, J. (1978). Translator's Introduction: The Discovery of the Analytic Situation. In O. Rank, *Will Therapy: The Therapeutic Applications of Will Psychology* (J. Taft, Trans.) (pp. xi-xxi). New York, NY: Knopf, p. xxi (Original work published in 1929).

Timms, N. (1997). Taking Social Work Seriously: The Contribution of the Functional School. *British Journal of Social Work*, 27 (2), pp. 723 – 737.

Tosone, C. (2004). Relational Social Work: Honoring the Tradition. *Smith College Studies in Social Work*, 74 (2), pp. 475 – 487.

Yelaja, S. A. (1971). *Authority and Social Work: Concept and Use*. Toronto: University of Toronto.

Yelaja, S. A. (1986). Functional Theory for Social Work Practice. In F. J. Turner (ed.), *Social Work Treatment: Interlocking Theoretical Approaches* (pp. 44 – 67). New York: The Free Press.

A Study on Historical Review of Functional Theory and Its Impacts on Social Work Development

Min Tong

(Xiamen University)

Abstract: Functional theory is one of the most important social work theories at its early stage. It is the social workers' first effort to build up the theory on its own against the theoretical bases of psychiatry and psychoanalysis. But so far it bas been rarely addressed, especially in Mainland China. This article is aimed to make a historical review of the development of functional theory, and give a full picture of what the functional theory is.

Key words: functional theory, social work, individual will

"专业化",还是"去专业化"?

——论我国社会工作发展的两种话语论述*

中山大学社会学与人类学学院　雷　杰

摘　要　在党和政府的大力推动下,社会工作专业人才队伍建设取得了令人瞩目的成就。本文通过文献分析的方法,从社会工作学者和相关政府官员的著作中归纳出"专业化"和"去专业化"两种观点,然后将双方的观点放在中国社会转型的情境下进行批判性分析。研究发现,"专业化"的话语论述认为市场经济改革是"专业社会工作"在我国发展起来的最重要的原因;"去专业化"的话语论述认为"专业社会工作"的建构与威权政府、科学理论和本土社会工作息息相关。另外,这两种话语论述都倾向于"低估"或"夸大"我国社会工作发展的现状。本文认为,寻找"专业化"和"去专业化"两种话语论述的平衡点应是日后我国社会工作研究的重点方向。

关键词　社会工作　专业化　去专业化　话语论述

---

* 本研究是教育部人文社会科学研究青年基金项目"社会管理创新背景下的社会工作专业化建构:以广东省为例"(13YJC840017)、高校基本科研业务费中山大学文科青年教师培育项目、教育部留学回国人员科研启动基金项目的阶段性成果。

一 背景

中共中央十六届六中全会提出了"建设宏大的社会工作人才队伍"的重大战略任务，要求"建立健全以培养、评价、使用、激励为主要内容的政策措施和制度保障，确立执业规范和从业标准"，我国的社会工作①"专业化"迎来了前所未有的高速发展。为了响应中共中央的号召，中央组织部等 18 个部门于 2011 年联合发布了《关于加强社会工作专业人才队伍建设的意见》。这个文件被认为是今后一个时期内社会工作人才队伍建设的纲领性文件（中央组织部等，2011）。2012 年，中央组织部等 19 个部委和群团组织联合发布了《社会工作专业人才队伍建设中长期规划（2011~2020 年）》。这个文件为"专业化"进程设定了战略性目标：

> 到 2015 年，社会工作专业人才总量增加到 50 万人，其中具有社会工作师职业水平证书或达到同等能力素质的中级社会工作专业人才达到 5 万人，具有高级社会工作师职业水平证书或达到同等能力素质的高级社会工作专业人才达到 1 万人。到 2020 年，社会工作专业人才总量增加到 145 万人，其中中级社会工作专业人才达到 20 万人、高级社会工作专业人才达到 3 万人。（中央组织部等，2012）

在党和政府的大力推动下，社会工作专业人才队伍建设取得了令人瞩目的进展。首先，提供社会工作教育的高校由 2000 年前的 28 所增加到 2010 年的 258 所；招生人数也由 2000 年前每年千人左右的规模扩张为一万多人。另外，全国还有 60 所院校提供专科层次的社会工作教育。为了进一步提高办学层次，目前已有 60 所高校开展社会工作硕士（MSW）专业学位教育，每年共招生 2000 多人（柳拯，2012）。其次，截至 2013 年，专业人才总量有 36 万多人，其中 12.38 万人已

---

① 为了区分 social work 和 social worker，本文用"社会工作"指代前者，"社工"指代后者。

通过初级或中级社会工作师考试。最后，2013年全国用于购买社会工作服务的资金达17.3亿元，比2012年增长38%。财政投入的持续增长扶持民办社会工作机构蓬勃发展：2013年全国民办社会工作机构有2000多家，比2012年增长一倍多（新华网，2013）。

在此背景下，大量的学术研究不断地论证社会工作在我国"专业化"的合法性。然而，伴随着这种拥护"专业化"的话语论述，学术界也产生了另外一种"去专业化"的话语论述，对"专业化"进行反思和质疑。究竟这两种话语论述各包含什么内容？在我国社会转型的情境下，我们应当如何看待这两种话语论述呢？本文通过文献分析的方法，从社会工作学者和相关政府官员的著作中归纳出"专业化"和"去专业化"两种观点，然后将双方的观点放在中国社会转型的情境下进行批判性分析，希望为我国社会工作的发展提供理论支持。

二 "专业化"的话语论述

"专业化"是我国大部分社会工作学者和相关政府官员所赞同的发展方向。其论证逻辑如下。首先，市场经济改革给我国社会带来了两方面的影响：一方面，市场经济改革使原本的求助途径削弱甚至消亡。王思斌（2001a）从制度和文化两个角度对计划经济体制下的"求－助"关系进行分析。他认为，当时的社会存在民间和官方两个助人系统。民间助人系统指来自家庭（家族）、邻里和亲友的帮助与互助；官方助人系统指城市"单位"对其成员及家属的保护，或者政府组织的"剩余型"社会救济。王思斌（2001b）进一步指出，城市化、家庭小型化和人口老龄化对民间助人系统带来了严重的冲击；大量国有企业的破产和政府职能的转变使官方助人系统瓦解。简言之，剧烈的社会变迁极大地削弱了旧体制助人系统的功能。

另一方面，计划经济体制下的助人系统功能的减弱使社会问题大量涌现。以下引用的内容——助人系统功能的减弱导致社会问题出现——在其他拥护"专业化"的文章中十分常见：

> 在工业化、城市化和市场化进程的推动下，家庭规模缩小，传统的家庭养老的社会功能随之减弱，人口流动增加，民工跨区

域流动频繁。……在急剧的社会变迁过程中,中国社会也面临着种种社会问题。这些问题包括如何减少吸毒人群、如何控制艾滋病的传播、如何缓解由社会压力所造成的挫折感、如何降低不断增长的离婚率以维护社会稳定,以及如何降低犯罪率、自杀率等。而且,随着市场经济的发展,不同的社会群体和阶层之间的收入差距不断扩大。这些问题都是我们在建设和谐社会的努力中所要面对的。(林卡,2009:65-66)

其次,面对这些社会问题,"专业化"的话语论述认为发展社会工作要顺应"社会职能分化"、"政社分开"的要求。一般来说,其论证有两个依据:一是要改变政府职能越位的现状,将原来由政府、企事业单位承担的福利和服务功能交给社会工作机构:

随着市场经济的发展,政府以及企业和事业单位包揽社会服务性事务的弊端日渐突出,迫使政府和企事业单位开始自觉或不自觉地将社会服务职能逐步剥离出来,使之逐步地回归于社会,回归于社区。(徐永祥,1999:54)

另一个依据是要补充政府职能的缺位:政府通过建立公共财政体系,扶持社会工作机构,共同参与社区的治理(徐永祥,2006)。例如,刘小霞和徐永祥(2004)分析了"上海乐群社工服务社"(全国首家由专业社工注册、非营利性质的民间服务机构)如何在我国社会工作发展的初期,迎合小政府、大社会的宏观社会形势,承接政府的项目,以民间组织操作的方式提供社会服务。

最后,"专业化"的话语论述还指出:社会职能分化下诞生的社会工作职业之所以能有效地解决由市场经济改革引发的社会问题,原因在于其"专业"的理论和方法。王思斌(1998)对我国"社会工作"的概念进行了归类,认为"专业社会工作"是由受过专业培训、掌握社会工作专业方法的人员,提供救困解难的社会服务。这种"专业社会工作"在本质上有别于计划经济时期单位人员志愿从事社会兼职的"普通社会工作",而且它比"行政社会工作"——由公职人员(如民政部门的)对其所负责的困难群体提供服务——更注重"专业"

方法。

因此，若想在原有"行政社会工作"的基础上嵌入"专业社会工作"，"专业化"论者提出我国的社会工作须不断增强自身的"专业性"，从而获得政府让渡的服务空间。例如，"中国社会工作发展的独特之路"应是"我国的专业社会工作会从政府主导下的专业弱自主性嵌入向政府－专业合作下的深度嵌入发展"（王思斌，2011：222）。另外，党和政府也希望通过强调"专业"来凸显我国社会工作的合法性。例如，现任民政部人事（社会工作）司副司长柳拯（2012）曾指出：

> 长期混淆专业社会工作机构与一般性社会服务机构的区别，混淆职业化社会工作者与一般社会服务人员的区别，或者忽视专业社会工作机构和职业化社会工作者的特殊职业要求和价值理念，将导致专业社会工作和专业社会工作者存在的合理性与合法性危机。

因此，前面介绍过的纲领性文件——《关于加强社会工作专业人才队伍建设的意见》——就将"专业"放在我国社会工作发展的首位。在其出台的过程中，考虑到公众对"社会工作者"、"社会工作人才"、"社会工作人员"、"社会工作从业人员"等概念存在非专业和过于宽泛的理解，相关部门特地在终稿中从题目到内容都将其缩窄为"社会工作专业人才"，将其定义为"具有一定社会工作专业知识和技能……直接提供社会服务的专门人员"（柳拯，2012）。

综上所述，"专业化"的话语论述认为市场经济改革是"专业社会工作"在我国发展起来的最重要的原因。计划经济体制下的官方和民间的求助系统并不能在新的社会体制下解决由市场经济改革引发的社会问题。因此，社会职能的分化必然促进社会工作的职业化和"专业化"，由其来承担提供社会服务的任务，从而发挥维护社会和谐的功能。这种论述的逻辑普遍见于拥护"专业化"的文章（如刘继同，2007；Xiong & Wang，2007；Law & Gu，2008）中。

三 "去专业化"的话语论述

针对如火如荼的"专业化"发展,另一种持相反意见的话语论述也逐渐形成。"去专业化"从根本上反对市场经济改革是我国社会工作发展的最重要的原因。而且,这种话语论述十分警惕"专业"的理论和方法在助人活动中的使用。这种话语论述关注的核心在于:我国的社会工作怎样在"专业化"的过程中获得权力,以及这一过程会产生怎样的影响。其论证逻辑如下。

首先,我国的社会工作"专业化"实质上是威权政府为了维护其合法性,通过赋予社会工作"专业"权力,改变其统治方式的体现。这一政治意图通过两个方面实现:一方面,须控制社会工作"专业化"的建构。有研究描述了山东省一个社会工作组织如何从民间自发的身份演变为受政府认可和资助的组织的过程。该研究指出,这个转变过程的关键在于草根的社会工作组织所倡导的"道德资源"(如"关怀"和"利他主义")必须与政府所拥护的价值相一致。当草根社会工作组织的服务真的能够实现这些价值时,它就能积累越来越多的"政治资本",从而获得政府的认同和支持。然而,在此过程中,社会工作组织应当如何实现其他不被政府所拥护的价值,这就成为社会工作组织面临的严峻考验(Xu,2013)。

其次,控制社会工作"专业化"的建构,是为了使其成为一种统治技术。有学者认为,威权政府在官方的话语论述中巧妙地将威胁社会和谐的因素都推到个人身上。这样,威权政府就可以在政治理念上提出"以人为本"进行应对,在统治技术上就可以利用注重"心理功能"、"人际关系"的社会工作进行处理。在政治理念和统治技术相互交织下,威权政府就能更新其治术(governmentality),继续维持其统治的合法性(Leung et al.,2012)。

当"去专业化"的话语论述将我国社会工作的发展和威权政府的合法性相挂钩之后,该论述认为,"专业化"的进程必定要求社工偏好实证主义(positivism)的理论和方法。简单地说,社工首先要坚持价值中立的立场,运用具有推论性和预测性的理论去认识"真实存在"的问题。然后,社工再采用具有效度(已被验证有效)和信度

(具有重复性结果）的介入模式来解决问题。最后，社工要使用证据为本（evidence-based）的方法（如实验法）来证明自己的介入是具有成效的。如果把"专业"等同于这样一套实证主义逻辑的话，我国的社会工作理论和方法必将向"个人-客观"取向发展，如心理治疗。虽然这些理论和方法更容易将社会工作显示为一种"科学"的助人活动，但是也会使大陆的社会工作受困于"技术化"，从而忽略宏观的结构性因素对社会问题的影响（雷杰，2007）。正如张和清（2011：38～39）所断言：

> 众所周知，目前引入中国的主流社会工作专业知识和方法技术是功能主义取向的，强调问题个体化，主张运用科学的知识和方法解决案主的问题，这是修修补补的社会工作。……将个体的困扰简化为心理疾病或群体症候，忽视精神疾病的社会根源，是缺乏社会学想象力的。

最后，尽管"专业"社工标榜"科学"的理论和方法、专门的训练和资格的认证，但是他们的工作成效未必比"非专业"的工作人员更好。朱健刚和陈安娜（2013）通过对一个政府购买社会工作服务的个案进行分析，尝试揭示当"专业社会工作"嵌入"行政社会工作"之后，会发生怎样的变异。他们认为，"专业"的身份认同使社会工作机构和社工刻意与其他社区组织和社区工作者保持距离，并不重视这些基层组织和人员在长期工作中积累的实践智慧。在实践中，"专业"社工的工作成效看起来还不如这些本土的社区工作者。这样的局面反过来削弱了"专业社会工作"在嵌入式发展过程中的合法性。朱健刚和陈安娜（2013：18）甚至宣称："专业社会工作若是继续持有'专业社工是最有资格从事社会服务的专业神话'，为行业设置自我保护的门槛，就不可避免地要受到原有街区治理体系的排斥和干预。"

因此，"去专业化"呼吁对社会工作人才的培养和评价应降低准入门槛。郭伟和（2005：34）提出"实践取向的社会建构性的新专业化道路"，指出只有专业知识和社会实践岗位相结合才是推动社会工作专业化的现实道路：

资格认证似乎是一种无关紧要的事情。我们在社会公众和其他行业都还没有认识和接纳社会工作的情况下，自己关起门来搞规范，要规范谁呢？在社会工作还没有发展壮大之前，搞规范只能导致职业的限制。当前中国的社会工作似乎不应该追求过度规范的专业标准和过高的入职门槛，而要把专业知识普及推广到社会实践生活当中，并从社会实践中总结本土性知识。

在实践上，广东省正在探讨如何解决这样一个问题：大量的本土社区工作者正在从事社会工作相关工作，但是却不能通过社工职业资格考试而被承认为"专业"社工。根据广东省民政厅厅长刘洪的报告，居委会专职人员质疑社工职业资格考试并不能体现他们在实际工作中的优势，例如处理实际问题的能力、对社区问题的把握以及丰富的人生阅历和生活经验。因此，广东省正在讨论是否应在评价体系中，在"助理社会工作师"（初级）下面设立"社会工作员"，使本土社区工作者通过简单的培训和考核就能成为"专业社会工作"人才队伍中的一员。（刘洪，2012）

综上所述，"去专业化"的话语论述认为：威权政府对"专业化"的建构有至关重要的影响，最终目的是维持政权的合法性。这使我国的社会工作发展偏好"个人－客观"取向的理论，缺乏结构性的视角。"专业"的标签又使长期存在且从事类似社会工作的本土社区工作者受到排斥，但是，"专业社工"的工作成效未必比这些本土社区工作者要好。

四 如何看待"专业化"和"去专业化"？

1. 被低估的"专业化"

上文对"专业化"和"去专业化"两种话语论述进行了梳理，我们应当如何看待两者的基本观点和论证逻辑呢？实际上，"专业化"的话语论述与我国社会工作的实际发展存在以下矛盾。第一，如果因为市场经济高速发展而需要"专业社会工作"来解决其带来的社会问题，那么为什么截至2003年底，经济发达的广东省只有4所高校开设社会工作专业呢？（熊跃根，2005）如果"专业社会工作"是对应市场经济改革的新型助人系统,那么为什么在 20 世纪 90 年代国企改革进入最艰难的时候,党和政府没有发展"专业社会工作"来解决严峻的下岗工人问题呢?换句话说,简单地用市场经济改革不足以解释"专业社会工作"在我国的发展。

第二,过分强调"专业化"是系统失调后所产生的自我平衡反应,这会忽略行动者的主观能动性。例如,我国社会工作"教育先行"的现象令高校毕业生面临巨大的就业压力和社会认同危机,从而使高校社会工作教师通过开展专业教育、撰写教材、推动资格认证考试等途径,极力鼓吹"专业化"(史柏年,2011)。根据笔者的统计,在广州 14 家设有社会工作专业的大专和本科院校中,目前就有 13 家院校的社会工作教师开办了社会工作机构。这些高校教师集研究、教育和实务于一身,对"专业社会工作"的发展有着重要的影响。这意味着,"专业化"可以是社会各方力量(如高校教师)相互角力、建构的产物。

第三,没有回应对"专业化"、威权政府合法性和社会控制之间的关系的质疑。"专业化"论者正千方百计使社会工作符合"专业"的特征,似乎无视或无法解决"去专业化"提出的迷思:资格认证考试是否会成为政府对社会工作职业进行控制的工具?"专业社会工作"是否真的优胜于"本土社会工作"?用实证主义逻辑的理论和方法来证明社会工作的科学性,是否会忽略其诠释性和政治性?当社会工作机构和社工从资格认证、社会认可、"科学主义"中获得越来越多的"专业"权力后,他们是否会意识到问题的结构性根源,而且敢于对其提出挑战呢?(殷妙仲,2011)

由此可见,目前我国主流的"专业化"论述虽然能够在社工培养、资格认证、岗位设置等方面推动社会工作的发展,但是这种话语论述并没有将社会工作放在更为复杂的经济和政治背景下进行深入讨论,只是简单地将社会工作视为系统失衡后所产生的一种新的应对办法。因此,"专业化"无法有效地回应"去专业化"对三对关系的质疑:在政治上与政府的关系、在理论上与"科学主义"的关系、在实践上与本土社会工作的关系。

2. 被夸大的"去专业化"

尽管"去专业化"的话语论述对"专业化"提出了深刻的批评,但是"去专业化"的话语论述倾向于照搬境外的经验,却忽略了与我国的实际情况相结合。也就是说，中国香港及西方等社会工作专业化程度高的地方所出现的问题是否已经在社会工作刚发展的中国内地出现，以至于要求我们"去专业化"呢？借着专业社会工作人才队伍建设的契机，我国的福利制度将会得到极大的发展，在"社会福利、社会救助、慈善事业、社区建设、婚姻家庭、精神卫生、残障康复、教育辅导、就业援助、职工帮扶、犯罪预防、禁毒戒毒、矫治帮教、人口计生、纠纷调解、应急处置等领域"（中央组织部等，2011），由国家聘请或资助社工为民众提供服务。这些领域不但是西方"福利国家"常见的社会服务范畴，而且还表明了我国政府重新对"大社会"的理念进行诠释、承担更多的福利责任从而对社会领域产生积极的影响，最终下决心改变残缺型和市场化的福利制度（Lei & Walker, 2013）。因此，当"去专业化"的话语论述批评社工成为政府控制的"帮凶"的时候，就可能造成"因噎废食"的后果，忽略我国国家职能的转变和福利制度的扩展才是目前急需完成的任务。

在理论上，"去专业化"过高地估计了"个人－客观"取向的实证主义在我国社会工作领域的地位。当20世纪90年代初大陆社会工作重新在高校开设的时候，王思斌已经为课程大纲定调，认为应向宏观社会转变的方向进行设计："社会发展和救难解困应该是中国社会工作教育的首要重点，而个人化的实践应只在社会工作课程大纲中发挥补充和次要的作用。"（Yuen-Tsang & Wang, 2002: 379） Yan and Tsang（2005）在1999~2001年间针对高校社会工作教育者对课程大纲的看法进行了调查。研究表明，受访者赞成社会工作的功能——"减少社会不稳定"、"稳定社会改革"——是跟"社区建设"、"帮助社会上的弱势群体"差不多的。与之相似，受访者赞成社会工作既要通过满足人们的需要来维持社会稳定，又要通过促进公平、社会正义和社会发展来提高普通民众的社会参与度。"心理治疗"和"社会政策"是达致这些目的的两种一样重要的方法。所以，"心理治疗"与"社会政策和社会工作历史"应在教育中处于同等重要的地位。

在实践中，没有明显的证据显示实务社会工作者偏重于"科学"的理论和方法。例如，西式的心理治疗未必能在我国受到普遍的欢迎，这是因为西式的心理治疗不是产生于中国的社会脉络。有学者批评，人在情境中的概念或精神病社会工作的模式都体现不出中国人对"关系"和"家庭"的理解。中国人是在"关系"中履行对他人的责任而获得个人的身份认同；以家庭为原型去理解外部的情境；习惯于家长制的助人风格以及推崇非正式网络的支持（Pearson & Phillips, 1994; Yan, 1998）。

此外，现阶段我国社会工作的实践模式，更倾向于以社区为中心。Specht 和 Courtney 的 *Unfaithful Angels: How Social Work Has Abandoned Its Mission* 一书经常被学者引用来反对"专业化"（陈涛，2011）。该书批评美国社工因追求"专业"而转向心理治疗、精神病理学的理论和方法，甚至涌入市场执业以牟取更大的经济利益，以至于最后背离追求社会公平正义的使命。在书的最后一章，作者提出的解决方法是建构以社区为本的社会服务。这些服务应该由公共财政支持的社区中心提供。为了避免污名化，这个社区中心需要向全体居民提供服务。这些服务并不包括心理和精神病治疗，而是通过社区需求调研制订年度计划，并利用各种小组和社区组织来关注社会问题，优先提供儿童（如课后照顾）、老人、义工、活动宣传、社区教育服务。值得留意的是，即使在美国的背景下，该书作者认为在这些社区中心发展初期，未必要先发展采取社会行动来维权的小组和组织（Specht & Courtney, 1994）。

诚然，Specht 和 Courtney 书中提到的社区中心与广州每个街道设置的家庭综合服务中心（简称"家综"）十分相似。现在，每个"家综"一年 200 万元的经费由公共财政承担。"家综"通过每年的需求调查制订年度计划，对街道内的家庭、青少年（如"430 课堂"）、老人、义工、残疾人和外来务工群体提供服务。如果 Specht 和 Courtney 以社区为本的建议是为了纠正美国社会工作因"专业化"而对"个人－客观"的理论和知识的偏向，与社区中心相似的广州"家综"不是正好能够避免这种偏向吗？如果连这本因批判"专业化"而闻名的著作都认为美国的社区须待成熟时才可推进激进的维权活动，那么现在就要求发展两三年的广州"家综"马上采取对抗的方式，这是否过于苛刻呢？

最后，"本土社工"与"专业社工"仍存在本质的区别，其工作方式未必就比"专业社工"优越。史柏年（2006）分析过体制内的单位与社会工作融合的可能性。他认为，体制内的单位对工作对象的思想和行为以管束为主，视上级单位和领导的指示为绝对命令。这些"集体利益至上"、"控制"、"等级秩序"的理念与社会工作"人权"、"平等"、"社会正义"等核心的价值观有着不可调解的矛盾。另据笔者对城镇低保的调研发现，从事低保的审批和管理工作的社区工作者在实际工作中往往扭曲申请资格，不但拒绝有劳动能力的申请者，还以有子女为由拒绝贫困老人的申请，更为恶劣者甚至要申请者"义务"帮助他们完成各种行政任务（如打扫街道、维持交通秩序），才有机会获得批准。这些社区工作者希望利用这些方法来减少辖区内低保户的数量，从而减轻自己的工作量（Lei, Forthcoming）。试问，这些经验丰富、立足基层的"本土社工"，即使"有效率"地完成低保的审核和管理工作，他们是否真的能践行"以人为本"呢？

五 结语

通过对"专业化"和"去专业化"两种话语论述的归纳和反思，本文认为，我国目前对社会工作发展的讨论陷入两个极端：一个是"低估"地拥护"专业化"；另一个是"夸大"地要求"去专业化"。这两个极端所借鉴的文献和经验都源于高度"专业化"的西方发达国家或中国香港。但是，两个极端都未能很好地理解我国内地的现实情况，从而造成"关公战秦琼"：不合情境地生搬硬套这些西方的观点。

拥护"专业化"的"低估"之处在于：机械地认为"专业社会工作"必定因应市场经济的发展而诞生；职能分工下的"专业社会工作"是解决工业社会各种问题的灵丹妙药。然而，这种话语论述未能把"专业化"放到一个更广阔的政治和经济制度的框架中进行分析，从而无视各种主体（如国家、社会工作教育者、社工和服务使用者）的能动作用，甚至忽视"专业化"、威权政府的合法性和社会控制之间的互动。

"去专业化"的"夸大"之处在于：照搬西方批评社会工作实证主义的套路，臆想我国的社会工作也必然重蹈覆辙。实际上，我国学者尚未能讨论出一种占统治地位的理论范式，甚至仅停留在了解各种西方理论的阶段。这就高估了心理治疗方法在现实中的流行程度。更重要的是，我国社会工作的实践模式倾向于以社区为中心进行介入，并不是以个人化的服务为主要发展方向。这种社区中心的模式恰恰很有可能抑制"个人 - 客观"理论的盛行。另外，以技术和经验为由夸大社区工作者的工作成效，实质上掩盖了"本土社工"和"专业社工"在价值观上的本质分歧。

必须指出的是，"专业化"和"去专业化"两种话语论述的确具有敏锐的洞察力。如果能够将双方的观点进行整合，必能对我国社会工作的发展有所裨益。首先，必须肯定"专业化"是中国福利体制的一个重大突破。公共财政支持的社会服务和社会工作机构是国家履行福利责任的体现，扩大了民政部门长期以来对"福利"的狭义理解。其次，当我国的社会工作不断向"专业"特征靠拢的时候，社工同仁的确需要留意"去专业化"的提醒，时刻警惕从威权政府、"科学"知识和社会认同那里获得的专业权力是否会对服务对象造成压迫。最后，尽管西方的理论和经验已经指出"专业社会工作"会产生控制和压迫的副作用，但是若以此为由，用"去专业化"之名扼杀我国尚在起步阶段的社会工作，实在是操之过急。本文认为，日后亟待研究的问题是：如何使我国社会工作在"专业化"过程中抑制"专业"权力的过度膨胀？这才是本文认为的解决"专业化"和"去专业化"之争的出路。遗憾的是，由于篇幅所限，本文无法对此展开更多的讨论。

参考文献

陈涛（2011）："社会工作专业使命的探讨"，《社会学研究》，第 6 期，第 211 ~ 246 页。
郭伟和（2005）："迈向社会建构性的专业化方向——关于中国社会工作专业化道路的反思"，《北京科技大学学报》（社会科学版），第 2 期，第 31 ~ 34 页。
雷杰（2007）："社会工作专业化对社工理论的影响"，《社会工作》，第 5 期，第 8 ~ 10 页。
林卡（2009）："论中国社会工作职业化发展的社会环境及其面临的问题"，《社会科学》，第 4 期，第 62 ~ 70 页。
刘洪（2012）：《广东省社会工作员职级研究》，http：//zyzx. mca. gov. cn/article/mzlt2012/hjlw/201208/20120800351596. shtml，2014 年 3 月 8 日。
刘继同（2007）："'中国特色'社会工作与构建和谐社会"，《甘肃理论学刊》，第 6 期，第 58 ~ 65 页。
刘小霞、徐永祥（2004）："社会工作专业化、职业化的有益探索——上海乐群社工服务社个案分析"，《华东理工大学学报》（社会科学版），第 2 期，第 41 ~ 46 页。

柳拯 (2012):《本土化:建构中国社会工作制度必由之路》, 北京:中国社会出版社, 第156、172、195页。
史柏年 (2006):"体制因素与专业认同——兼谈社会工作职业化策略",《华东理工大学学报》(社会科学版), 第4期, 第6~11页。
史柏年 (2011):"中国文化与制度背景下社会工作本质的建构",《江苏社会科学》, 第1期, 第18~25页。
王思斌 (1998):"我国诸社会工作之内涵及其比较分析",《中国社会工作》, 第1期, 第23~25页。
王思斌 (2001a):"中国社会的求-助关系——制度与文化的视角",《社会学研究》, 第4期, 第1~10页。
王思斌 (2001b):"试论我国社会工作的本土化",《浙江学刊》, 第2期, 第57~61页。
王思斌 (2011):"中国社会工作的嵌入性发展",《社会科学战线》, 第2期, 第206~222页。
新华网 (2013):"民政部:2013年全国购买社工服务逾17.3亿元", http://news.xinhuanet.com/politics/2013-12/30/c_118770967.htm, 2014年3月8日。
熊跃根 (2005):"转型时期中国社会工作专业教育发展的路径与策略:理论解释与经验反思",《华东理工大学学报》(社会科学版), 第1期, 第23~28页。
徐永祥 (1999):"社会职能分化下的社会工作及社工教育",《华东理工大学学报》(社会科学版), 第4期, 第54~57页。
徐永祥 (2006):"政社分工与合作:社区建设体制改革与创新研究",《东南学术》, 第6期, 第51~57页。
殷妙仲 (2011):"专业、科学、本土化:中国社会工作十年的三个迷思",《社会科学》, 第1期, 第63~71页。
张和清 (2011):"社会转型与社区为本的社会工作",《思想战线》, 第4期, 第38~39页。
中共中央十六届六中全会 (2006):《关于构建社会主义和谐社会若干重大问题的决定》, http://cpc.people.com.cn/GB/64093/64094/4932424.html, 最后访问日期:2014年3月8日。
中央组织部等 (2011):《关于加强社会工作专业人才队伍建设的意见》, http://www.mca.gov.cn/article/zwgk/fvfg/shgz/201111/20111100197275.shtml, 最后访问日期:2014年3月8日。
中央组织部等 (2012):《社会工作专业人才队伍建设中长期规划 (2011~2020)》, http://www.mca.gov.cn/article/zwgk/jhgh/201204/20120400302325.shtml, 2014年3月8日。
朱健刚、陈安娜 (2013):"嵌入中的专业社会工作与街区权力关系——对一个政府购买服务项目的个案分析",《社会学研究》, 第1期, 第1~20页。
Law, A. K.-C. & Gu, J.-X. (2008). Social Work Education in Mainland China: Development and Issues. *Asian Social Work and Policy Review*, 2 (1), 1-12.
Lei, J. (Forthcoming). Covering Whoever is Eligible? —An Exploratory Study on the Eligibility of the Urban Minimum Living Standard Guarantee in China. *Critical Social Policy*.
Lei, J. & Walker, A. (2013). The Big Society in China: A Failed Experiment. *Social Policy and Society*, 12 (1), 17-30.

Leung, T. T. F., Yin, N. M., Huang, R. -G., & Wu, Y. (2012). Governmentality and the Politicisation of Social Work in China. *British Journal of Social Work*, 42 (6), 1039 −1059.

Pearson, V. & Phillips, M. (1994). Psychiatric Social Work and Socialism: Problems and Potential in China. *Social Work*, 39 (3), 280 −287.

Specht, H. & Courtney, M. E. (1994). *Unfaithful Angels: How Social Work Has Abandoned Its Mission*. New York: The Free Press.

Xiong, Y. -G. & Wang, S. -B. (2007). Development of Social Work Education in China in the Context of New Policy Initiatives: Issues and Challenges. *Social Work Education*, 26 (6), 560 −572.

Xu, Y. (2013). Moral Resources, Political Capital and the Development of Social Work in China: A Case Study of City J in Shandong Province. *British Journal of Social Work*, 43 (8), 1589 −1610.

Yan, M. C. (1998). Social Functioning Discourse in a Chinese Context: Developing Social Work in Mainland China. *International Social Work*, 41 (2), 181 −194.

Yan, M. C. & Tsang, A. K. T. (2005). A Snapshot on the Development of Social Work Education in China: A Delphi Study. *Social Work Education*, 24 (8), 883 −901.

Yuen-Tsang, A. W. K. & Wang, S. (2002). Tensions Confronting the Development of Social Work Education in China: Challenges and Opportunities. *International Social Work*, 45 (3), 375 −388.

Professionalisation or De-professionalisation?

—An Analysis on the Two Discourses of Social Work Development in China

Jie Lei

(Sun Yat-sen University)

Abstract: By the support of the party and governments, the building of a professional team of social workers has achieved tremendous improvements. Based on the literatures written by social work academics and officials, this article is aimed to summarise two discourses—professionalisation, and de-professionalisation, and then put their arguments into critical analysis against the background of China. It was found that the discourse of professionalisation attributed the development of social work in China to economic reform, while the other discourse of de-professionalisation argued that the social construction of professional social work had been closely related to the authoritarian state, scientific-oriented theories and indigenised social work. Meanwhile, both of the two discourses tended to explain the current development of professional social work in China either "naively" or "exaggeratively". This article suggests that searching for the balance between professionalisation and de-professionalisation should become an important direction for future research.

Key words: social work, professionalisation, de-professionalisation, discourse

就业质量对城市居民幸福感的影响研究*

厦门大学社会学系　徐延辉
中共朝阳市委党校　王高哲

摘　要　幸福是人们毕生的追求，幸福指数也是衡量一个国家或地区人们生活满意程度的重要指标。本文利用深圳市调查数据，从就业质量角度探讨城市居民的幸福感问题。研究发现：就业质量对于居民幸福感的影响非常显著。在就业质量指标中，工作疲倦度是制约人们幸福感提升的关键因素；就业状况越稳定、职业阶层越高，幸福感越强；社会保险对于幸福感的提升也产生了积极意义；个人对失业风险的评估对幸福感产生了明显影响；工作满意度越高，个人幸福感就越强。文章最后依据研究结论提出未来公共政策的发展方向。

关键词　就业质量　城市居民　幸福感

就业是民生之本，是个人获得物质满足和精神愉悦的重要途径。根据马斯洛的需求层次理论，人的需求层次由低到高分为生理的需求、

---

* 本研究是国家社科基金重点项目"社会质量视角下的社会建设研究"（项目批准号：11ASH001）、福建省科技厅软科学规划项目"提升我省就业质量的对策研究"（项目编号：2013R0090），厦门大学繁荣哲学社会科学资助项目的部分成果。

安全的需求、情感和归属的需求、尊重的需求、自我实现的需求。对于一个成年人即处于工作年龄阶段的人来说，满足这些需求最主要的途径就是就业。就业不仅能给人们带来经济保障和更多的物质福利，而且职业所属的行业、具体的工作岗位和职业身份也成为人们区分社会身份和社会地位的重要标准。此外，就业还使人们拥有更多的社会关系网络，人们借助职业关系可以建立更多的社会联系、拥有更多的社交生活，从而拥有更多的体现自我价值的机会和更快乐的心理体验。因此就业是人们获得幸福感的重要因素。幸福是人们毕生的追求，学界对幸福感的研究由来已久，比如经济学关注财富和收入对幸福感的影响（Easterlin，2001）；管理学关注微观的工作环境和工作过程对企业员工幸福感的影响（Loscocco & Spitze, 1990；Stansfeld et al., 1995）；社会学更侧重社会因素比如社会身份、社会地位、社会资本等因素对幸福感的影响（李路路，2005；曹大宇，2009）。总结以往的研究可以发现，不论哪个学科探讨幸福感，"就业"始终都是对幸福感产生影响的重要因素之一。虽然就业对于提升人们的幸福感非常重要，但是，由于长期以来我国一直面临巨大的就业压力，关于就业问题的社会政策主要关注如何实现就业，而很少关注就业质量及其对幸福感的影响。因此，本文的目标是从就业质量入手，探讨就业质量的各个维度对幸福感所产生的影响。

一 研究背景与研究方法

就业质量是20世纪90年代末才出现的一个概念。随着经济全球化和产业结构服务化，非正规就业（或称弹性就业）成为各国普遍存在的就业形式，与非正规就业相伴随的常常是低薪和不稳定的就业前景。于是在1999年的国际劳工大会上，国际劳工组织（ILO）提出了"体面劳动"的概念，"体面劳动"与就业质量具有密切联系，它构成了就业质量的核心内容。"体面劳动"即指促进男女在自由、公平、安全和具备人格尊严的条件下，获得体面的、生产性的、可持续的工作机会，它包含五个支柱性内容，即安全有保障的生产环境，享有劳动权利，获得足够的工资并享有社会对话、社会参与和劳资谈判的自由权利。国际劳工组织认为，就业是劳动者个人谋求发展，为家庭和子孙带来幸福，走向美好生活的一个途径。Schroeder（2007）认为，"体面劳动"是一个带有褒义色彩的概念，体面劳动实际上就是高质量的就业，而"就业质量"是"体面劳动"概念的客观性的表达。此后，很多学者和机构开始探讨如何测量就业质量。毕思顿（Beaston，2000）将就业质量指标分为两类：一类为外显就业特征，包括经济收入、工作时间、工作与生活的平衡、就业安全、提升机会；另一类为内隐就业特征，主要包括工作满意度、工作紧张感、疾病/伤残风险、同事关系等等。欧洲基金会将就业质量划分为四个维度，包括职业和就业安全、健康和福利、技术发展、工作和非工作生活的和谐（European Foundation，2002），该指标在欧洲、加拿大、澳大利亚以及新西兰得到了广泛的应用（Jofri，2005）。

近年来国内学者也开始探讨就业质量问题。马庆发（2004）提出从职业社会地位、工资水平、社会保障、发展空间等四大方面来衡量就业质量。李军峰（2005）将就业质量衡量指标归纳为工作性质、工作条件、稳定与安全、个人尊重、健康与福利、社会保障、职业发展、劳资关系和机会平等九个方面。刘素华（2005）把就业质量指标量化为工作时间、劳动报酬、工作稳定性、职工培训、物理环境、安全环境、心理环境、社会保险、劳动合同、民主管理、工会组织、平等协商和集体合同、社会对话等17个维度，把每个维度细化为多个指标并且赋以不同的分值。赖德胜（2011）提出，就业质量涉及就业环境、就业状况、就业能力、劳动报酬、社会保护和劳动关系六个方面。

幸福感及其影响因素一直是社会科学关注的热门话题，许多学者从心理学、经济学以及社会学等不同领域对幸福感的影响因素进行了探讨。心理学对幸福感的研究集中在人格与幸福感的关系上。Watson 和 Clark 的研究表明，人格对个人主观幸福感具有显著影响，其原因在于具有外向型特征的人对奖赏更具有敏感性，这种敏感性使其在面对奖赏性刺激时能够产生强烈的愉悦感，而积极情感是主观幸福感的重要组成部分（Watson & Clark，1997）。Diener（1984）和 Lucas（2005）也认为外向型人格是一种积极的情感特征，而神经质性格与消极情绪密切相关。此外，还有学者从经济社会学角度研究了尊严与消极情绪比如自杀之间的关系。研究表明，如果尊严认知与获得的差距较大即自尊的需求无法得到满足，企业员工就会采取退出、呼吁和自杀等各种保护性行动以表达自己的不满（汪和建，2014）。

传统的经济学认为，财富的增多必然会增加人们的幸福感，比如Bradburn（1969）认为，高收入者往往具有积极的情感体验，低收入者则更多地体验消极的情绪。然而，伊斯特林的研究表明，财富与幸福感的关系是相对的，在同一时间点或同一社会，富人总会比穷人感到更幸福，但是如果人们处于两个独立的社会或者不同的时代，富裕社会的人未必比贫穷社会的人幸福，新时代的人也并不比旧时代的人幸福，这就是著名的"伊斯特林悖论"。其后续的研究也发现，虽然各国的截面数据显示，富人确实比穷人拥有更高的幸福感，但是30多年（1958～1991年）的世界经济增长并未带来民众幸福感的提升（Easterlin，1995）。Frey等人的研究也表明，在同一时点上，富人的幸福感高于穷人，然而在一个较长的时期内，收入的增加并没有显著增加人们的幸福感（Frey & Stutzer，2002）。

社会学关注社会阶层和社会资本等因素对幸福感的影响（Clark et al.，2006；Blanchflower & Oswald，2007）。Graham等人认为，社会资本一般是指个体的某些社会特征，如人际关系、社会技能、受欢迎程度等等，在与他人交往过程中产生的这些社会资本有利于获得市场性或非市场性的回报（Graham & Felton，2006）。个体的社会资本和身心健康之间的关系非常密切。丰富的社会资本对人们的身体和心理健康的各个方面都有积极的影响，从而提高了人们的幸福感（Helliwell，2004；Yip et al.，2007）。关于社会阶层对幸福感的影响，曹大宇（2009）的研究发现，不同社会阶层的主观幸福感具有显著的差异，企业经营管理者、下层办公室人员和城市体力劳动者的幸福感水平均高于农民阶层，也就是说社会地位越高，幸福感水平就越高。

关于就业对幸福感的影响，学者更为关注的是失业对幸福感的影响。与其他因素相比，失业对降低幸福感具有更为显著的影响，特别是对于那些高学历的人来说，失业会给他们带来更大的心理落差，因而幸福感的下降也更为明显。失业本身导致的幸福感下降超过了收入下降带来的幸福感下降（Liliana Winkelmann & Rainer Winkelmann，1998）。如果失业者为一个群体（比如一个单位集体裁员），那么与那些单独失业的人相比，处于群体失业中的失业者的幸福感下降程度要小得多。

通过文献回顾可以发现,从就业质量角度探讨幸福感的文献很少。本文采用定量分析方法,利用课题组于 2011 年 7～10 月在深圳市的调查数据进行分析。本文的研究对象为城市居民,即指在深圳市生活和工作一年以上的常住人口,包括户籍人口和非户籍人口。本次调查共发放问卷 1300 份,回收有效问卷 1010 份,符合本研究需要的有效问卷是 717 份。样本的基本信息如表 1 所示。

表 1 样本的基本信息

指标	频数	百分比(%)	指标	频数	百分比(%)
性别			职业类型		
男	306	42.68	无业	117	16.32
女	411	57.32	体力劳动者	123	17.15
婚姻状况			服务业劳动者	126	17.57
已婚	461	64.30	专业及行政人员	317	44.21
未婚	256	35.70	高级管理人员	34	4.74
教育程度			就业类型		
小学及以下	18	2.51	全职	477	66.53
初中	63	8.79	兼职	105	14.64
高中/中专	202	28.17	个体	8	1.12
大专	193	26.92	退休	10	1.39
本科	210	29.29	无业	117	16.32
硕士及以上	31	4.32	受访者来源		
年龄			本地	312	43.51
年龄平均数	32.68		外地	405	56.49

二 核心概念的界定与指标操作化

(一)核心概念的界定

1. 就业质量

本文认为,就业质量的核心是关注就业状态好不好。状态好坏一般通过主观和客观两个维度来测量,即实际好不好(doing well)和感觉好不好(feeling well)。为此,本文将就业质量分为客观就业状况与主观心理评价两个层面。客观就业状况主要包括职业类型、工作条件、工作薪资、工作疲倦度、工作保障等一系列客观反映就业状态的指标；主观心理评价主要包括工作满意度、工作期望（个人对自己工作前景的预期）、失业风险等指标。

2. 幸福感

幸福感是一个涉及心理因素、经济因素和社会因素的综合性概念，从心理学角度来看，幸福感是快乐和积极的情绪体验；从经济学角度来看，幸福感是个人物质和效用的满足感；从社会学角度来看，幸福感是对个人生活质量的肯定以及个人价值的承认。本文认为，幸福感由主观幸福感和心理幸福感组成。主观幸福感是指个人对自身生活质量的满意程度，是基于客观现实的主观评价；而心理幸福感来源于个人对自身价值的肯定，是基于社会比较之后的心理体验。因此，主观幸福感是基于人们对现实物质需要的满足所产生的主观体验，心理幸福感则强调个人价值和自我潜能的实现给人们带来的满足感，两者结合起来才能形成一个较为完整的幸福感评价体系。

（二）变量的测量

本文将人口学特征变量作为控制变量，包括年龄、性别、婚姻状态、受教育程度等等；将就业质量作为解释变量，将幸福感作为被解释变量。具体概念操作化如下。

1. 解释变量：就业质量

本研究把就业质量分为客观和主观两个方面。客观就业质量包括就业状态、个人薪资、职业类型、工作疲倦度、社会保障参与度。主观就业质量主要包括失业风险、工作满意度、职业期望。

2. 被解释变量：幸福感

本文采用因子分析法，对13个有关幸福感的指标进行了因子提取，经过相关矩阵分析，检验结果证明它们可以作为衡量幸福感程度的测量指标。在进行因子分析之前，还要对量表信度进行检验，以确保测量项目的一致性和量表内部结构的良好性。我们采用Cronbach's Alpha系数进行测量，检验后，α系数为0.761，可见，量表具有较好的一致性。然后，运用探索性因子分析方法对这13项指标进行主成分分析，采用方差极大值法进行旋转后，抽取了4个因子，其方差贡献率达到了 68.17%，说明这 4 个因子可以解释大部分方差。根据因子提取可行性检验（见表 2），KMO 值为 0.833，Barlett 球形检验的卡方值为 4427.151（df = 78，P = 0.000），通过球形检验，说明这 13 个指标适合进行因子分析。

根据我们对幸福感的定义及各项指标的负荷值，我们将 4 个因子分别命名为：经济生活满足感、社会生活与健康体验感、自我价值肯定感和未来预期与信心感，其中前两项属于主观幸福感，后两项属于心理幸福感。

表 2 幸福感相关指标因子提取情况

项 目	经济生活满足感	社会生活与健康体验感	自我价值肯定感	未来预期与信心感
1. 对居住环境的满意度	0.814	0.100	0.076	-0.113
2. 对教育程度的满意度	0.770	0.187	0.141	0.094
3. 对家庭经济状况的满意度	0.718	0.292	0.110	-0.206
4. 对健康情况的满意度	0.183	0.855	0.058	-0.102
5. 对家庭关系的满意度	0.188	0.818	0.127	0.040
6. 对社交生活的满意度	0.521	0.615	0.066	-0.079
7. 是否同意"我所做的事常常不被人认可"	0.086	-0.015	0.827	-0.091
8. 是否同意"我觉得被社会遗弃"	0.189	0.067	0.812	-0.072
9. 是否同意"现今生活变得很复杂，我觉得迷失方向"	0.083	-0.015	0.808	-0.225
10. 是否同意"许多人看不起我"	0.150	0.120	0.789	-0.064
11. 是否同意"为了生存，我不得不去做一些违心的事"	-0.072	0.170	0.668	0.145
12. 是否同意"我的现实生活与我期望差不远"	-0.188	0.083	-0.040	0.825
13. 是否同意"我对未来持积极乐观的态度"	0.029	-0.178	-0.138	0.801
特征值	2.226	1.995	3.148	1.493
平均方差（%）	17.125	15.348	24.214	11.483

三 结果分析

本研究采用逐步回归分析法,首先将控制变量放入回归方程中,然后将就业质量的相关指标作为自变量加入回归方程,分别形成两个回归模型,在控制了个人特征变量后,分析就业质量对城市居民幸福感产生的影响。由于幸福感的各个维度通过因子分析和标准分转换成为连续变量,故在本分析中采用 OLS 多元线性回归模型。具体多元回归模型形式如下:

$$Y_i = B_0 + B_1 X_{i1} + B_2 X_{i2} + \cdots\cdots + B_k X_{ik} + \varepsilon_i$$

Y_i 代表个体 i 分别在不同方程中的四个幸福感因子,即经济生活满足感、社会生活与健康体验感、自我价值肯定感、未来预期与信心感的得分。X_{ik} 代表影响个体 i 幸福感的各因素,在本部分主要是个体层面的性别、年龄、婚姻、教育以及就业质量的相关变量。B_k 为各自变量的回归系数,ε_i 为随机误差。

(一) 就业质量与经济生活满足感

表 3 为就业质量对经济生活满足感的回归分析方程,模型 1 反映了控制变量对经济生活满足感的影响情况,模型 2 是加入了就业质量的相关变量后城市居民幸福感的回归方程。模型中调整后的 R 平方代表了模型能够解释幸福感的方差大小,它反映了回归方程的解释力。

在模型 1 中,我们发现性别、婚姻对个人经济生活满足感并没有产生显著影响,户籍、受教育程度却对个人经济生活满足感影响比较显著,外地人和拥有较高学历者经济生活满足感更高。从整个模型来看,模型 1 调整后的 R 平方为 12.9%,回归方程通过了显著性检验。

在模型 2 中,加入就业质量变量后,性别、户籍均对经济生活满足感产生了显著影响,男性比女性、外地人比本地人的经济生活满足感高;而在就业质量的变量中,第一,工作疲倦度越高,经济生活满足感越低;第二,全职、兼职、个体以及退休者的经济生活满足感都比无业者要高;第三,个人薪资、社会保险参与度、工作满意度均对经济生活满足感产生了显著的影响。从整个回归方程来看,方程

表3 就业质量与经济生活满足感

解释变量		模型1		模型2	
		回归系数	标准回归系数	回归系数	标准回归系数
人口特征变量	性别 a	0.039	0.021	0.161**	0.099**
	年龄	0.006	0.064	-0.002	-0.045
	婚姻 b	0.000	0.027	0.03*	0.025*
	户籍 c	0.169*	0.089*	0.148**	0.096**
	教育程度 d				
	初中	0.346	0.099	-0.310	0.063
	高中	0.095	0.045	-0.108	0.039
	大专	0.167	0.080	-0.139	0.003
	大学	0.659*	0.325	0.145	0.065
	硕士及以上	0.808*	0.189	0.039	0.079
就业质量相关变量	工作疲倦度			-0.49**	-0.186**
	就业状态 e				
	全职			0.394*	0.065*
	兼职			-0.241	0.097
	个体			-0.381	0.161
	退休			-0.285	0.045
	职业分层 f				
	体力劳动者			0.138	0.051
	服务业劳动者			-0.016	0.021
	专业及行政人员			-0.014	0.094
	高级管理人员			0.049	0.009
	社会保险			-0.040***	0.116
	工作薪资			0.490	0.320****
	失业风险			0.000	0.116
	工作满意度			0.203****	0.102
	职业期望			-0.041	-0.020
常量		-1.315****		-2.048****	
Adjusted R square		12.9%		39.9%	
F 值		1.532		2.871	

注:*P≤0.1,**P≤0.05,***P≤0.01,****P≤0.001

a:性别,以女性为参照;b:婚姻,以未婚及其他为参照;c:户籍,以本地人为参照;d:教育程度,以小学及以下为参照;e:就业状态,以无业者为参照;f:职业分层,以无业者为参照。

调整后的 R 平方为 39.9%，说明该方程的拟合程度比较好，且有较强的解释力。从模型 1 到模型 2，回归方程方差解释力增加了 27%，说明相比控制变量，就业质量对于经济生活满足感具有较为明显的影响。

（二）就业质量与社会生活及健康体验感

在表 4 中，模型 1 反映了控制变量对社会生活及健康体验感的影响，模型 2 是加入就业质量相关变量后的回归方程。

在模型 1 中，男性、已婚者相对具有更积极的社会生活及健康体验感；而年龄、户籍以及教育程度并没有产生显著影响，从整个模型来看，调整后的 R 平方值为 2.3%，并且没有通过显著性检验，因此模型 1 的解释力不大。

在模型 2 中，加入就业质量变量后，性别对于社会生活与健康体验感的作用消失，而教育程度对于高学历者具有比较显著的影响，婚姻对于幸福感的影响依然比较明显。在就业质量的变量中，工作疲倦度、职业类型、工作满意度、职业期望均对社会生活及健康体验感产生了显著影响。从整个回归方程来看，方程调整后的 R 平方为 10.9%，说明该方程的拟合程度比较好，且有一定的解释力。从模型 1 到模型 2，回归方程方差解释力增加了 8.6%，说明就业质量对于社会生活及健康体验感具有一定的影响。

表 4 就业质量与社会生活及健康体验感

解释变量		模型 1		模型 2	
		回归系数	标准回归系数	回归系数	标准回归系数
人口特征变量	性别 a	0.66*	0.34*	0.056	0.029
	年龄	-0.004	-0.037	-0.006	-0.060
	婚姻 b	0.002*	0.004*	0.045*	0.023*
	户籍 c	0.128	0.067	0.139	0.073
	教育程度 d				
	初中	-0.410	-0.116	-0.396	0.112
	高中	-0.0192	-0.089	-0.272	0.126
	大专	-0.193	-0.092	-0.337*	0.161*
	大学	-0.389	-0.190	-0.541*	0.265*
	硕士及以上	-0.440	-0.102	-0.643**	0.149**

续表

解释变量		模型 1		模型 2	
		回归系数	标准回归系数	回归系数	标准回归系数
就业质量相关变量	工作疲倦度			-0.063****	-0.112****
	就业状态 e				
	全职			-0.221	-0.077
	兼职			0.039	0.006
	个体			-0.403	-0.095
	退休			-0.381	-0.063
	职业分层 f				
	体力劳动者			-0.133**	-0.0051**
	服务业劳动者			0.041	0.015*
	专业及行政人员			0.038	0.020*
	高级管理人员			0.087*	0.019*
	工作薪资			-0.226	-0.065
	社会保险			0.039	0.070
	失业风险			-0.035	-0.044
	工作满意度			0.100***	0.255***
	职业期望			0.055*	0.036*
常量		0.742		0.954****	
Adjusted R square		2.3%		10.9%	
F 值		1.532		2.871	

注：*P≤0.1，**P≤0.05，***P≤0.01，****P≤0.001
a：性别，以女性为参照；b：婚姻，以未婚及其他为参照；c：户籍，以本地人为参照；d：教育程度，以小学及以下为参照；e：就业状态，以无业者为参照；f：职业分层，以无业者为参照。

（三）就业质量与自我价值肯定感

从表 5 可以发现，在模型 1 中，性别、年龄、教育程度对自我价值肯定感产生了较为明显的影响。从整个模型来看，模型 1 调整后 R 平方为 4.1%，回归方程通过了显著性检验，但回归方程的解释力非常有限。

表 5　就业质量和自我价值肯定感的回归分析

解释变量		模型 1		模型 2	
		回归系数	标准回归系数	回归系数	标准回归系数
人口特征变量	性别 a	0.154*	0.077*	0.156*	0.099*
	年龄	-0.018****	-0.176****	0.010*	-0.045*
	婚姻 b	0.000	-0.049	0.000	-0.025
	户籍 c	-0.098	-0.049	-0.49	0.096
	教育程度 d				
	初中	0.295	0.080	0.354	0.063
	高中	0.197	0.087	0.143	0.039
	大专	0.225	0.103	0.086	0.003
	大学	0.244	0.114	0.007	0.065
	硕士及以上	0.641*	0.143*	0.293	0.079
就业质量相关变量	工作疲倦度			0.109*	0.186*
	就业状态 e				
	全职			0.197	0.065
	兼职			0.606	0.097
	个体			0.714***	0.161***
	退休			0.284	0.045
	职业分层 f				
	体力劳动者			0.141	0.051
	服务业劳动者			0.061	0.021
	专业及行政人员			0.188	0.094
	高级管理人员			0.042	0.009
	工作薪资			0.115	0.032
	社会保险			0.069**	0.116**
	失业风险			-0.096***	-0.116***
	工作满意度			0.042***	0.102***
	职业期望			-0.032	-0.020
常量		-0.969****		-2.449****	
Adjusted R square		4.1%		16.1%	
F 值		3.821		4.528	

注：*P≤0.1，**P≤0.05，***P≤0.01，****P≤0.001

a：性别，以女性为参照；b：婚姻，以未婚及其他为参照；c：户籍，以本地人为参照；d：教育程度，以小学为参照；e：就业状态，以无业者为参照；f：职业分层，以无业者为参照。

在模型 2 中，加入就业质量变量后，性别、年龄对于个人自我价值肯定感仍然具有显著影响。而在就业质量的变量中，第一，工作疲倦度对自我价值肯定感产生了显著影响；第二，就业状态为全职、兼职、个体以及退休者的生活经济满足感都比无业者要高，其中，个体从业者与无业者的自我价值肯定感的差异通过了显著性检验；第三，个人社会保险参与度越高，其自我价值肯定感越强；第四，失业风险越高，自我价值肯定感越低；第五，工作满意度越高，自我价值肯定感越高。从整个回归方程来看，方程调整后的 R 平方为 16.1%，说明该方程具有较好的拟合度，且有一定解释力。从模型 1 到模型 2，回归方程方差解释力增加了 12%，说明就业质量对于个人自我价值肯定感具有较为明显的影响。

（四）就业质量与未来预期和信心感

从表 6 可以发现，在模型 1 中，人口特征因素，即性别、年龄和婚姻、户籍以及教育程度对个人预期与信心感均无显著影响，调整后的 R 平方为 1.3%，且没有通过显著性检验，说明控制变量对于个人未来预期与信心感并没有产生明显的影响。

在模型 2 中，加入就业质量变量后，控制变量仍然没有产生显著影响；而就业质量变量都产生了较为显著的影响。第一，工作疲倦度越高，个人未来预期与信心感越低；第二，个人薪资越高，个人未来预期与信心感越强；第三，社会保险参与的项目越多，个人的未来预期与信心感越强；第四，失业风险每上升 1 个单位，个人的未来预期与信心感就降低 0.8 分；第五，个人越认为自己通过努力能够获得更高的职业地位，其未来预期与信心感就越高，标准回归系数达到 3.217。从整体模型来看，模型 2 调整后的 R 平方为 8%，且通过了显著性检验，说明模型具有一定的解释力。从模型 1 到模型 2，回归方程方差解释力增加了 6.7%，说明就业质量对于个人预期与信心感确实产生了一定的影响。

表6 就业质量与未来预期和信心感

解释变量		模型1		模型2	
		回归系数	标准回归系数	回归系数	标准回归系数
人口特征变量	性别 a	-0.030	-0.005	-0.020	-0.243
	年龄	-0.009	-0.024	0.005	0.882
	婚姻 b	-0.002	-0.022	0.000	-0.778
	户籍 c	0.000	0.021	-0.007	-0.079
	教育程度 d				
	初中	0.041	0.005	-0.004	-0.012
	高中	0.016	0.057	0.194	0.612
	大专	0.125	0.077	0.292	0.911
	大学	0.164	0.000	0.239	0.727
	硕士及以上	0.002	0.054	0.123	0.325
就业质量相关变量	工作疲倦度			-0.072***	-0.296***
	就业状态 e				
	全职			0.015	0.050
	兼职			-0.239**	-0.625**
	个体			-0.204	-0.609
	退休			-0.297	-0.730
	职业分层 f				
	体力劳动者			0.053	0.377
	服务业劳动者			-0.105	-0.732
	专业及行政人员			-0.128	-1.097
	高级管理人员			-0.160	-0.728
	工作薪资			0.360***	1.776***
	社会保险			0.233**	0.832**
	失业风险			-0.030**	-0.800**
	工作满意度			-0.014	-0.762
	职业期望			0.205****	3.217****
常量		-0.030**		1.138****	
Adjusted R square		1.3%		8%	
F值		0.853		2.042	

注：*P≤0.1，**P≤0.05，***P≤0.01，****P≤0.001

a：性别，以女性为参照；b：婚姻，以未婚及其他为参照；c：户籍，以本地人为参照；d：教育程度，以小学为参照；e：就业状态，以无业者为参照；f：职业分层，以无业者为参照。

四 结论与讨论

（一）人口特征对幸福感的影响

虽然本文的重点不是探讨人口学因素对于幸福感的影响，但通过上述回归模型分析，我们发现加入就业变量后，人口学因素对幸福感的影响也发生了改变，具体结论如下。

（1）性别对于个人的幸福感具有显著的影响。这与以往的研究结论相同，加入就业质量变量之后，性别对经济生活满足感仍有影响，但在社会生活与健康体验感的维度中，性别的显著影响却消失了，说明引入就业质量变量后，性别对幸福感的作用也有所变化。首先，就业拉开了男女之间的经济收入差距。本次调查表明，从月平均收入来看，男性（4217.17元）明显高于女性（3156.14元），因此男性在经济生活满足感上也显著高于女性。其次，在社会生活与健康体验感维度中，引入就业质量的相关变量之后，男性与女性之间的差异变得并不显著，说明就业对个体建立社会资本、获取社会支持具有重要作用，正是因为这种作用，男性与女性在社会生活与健康体验感上的差异变得不明显。

（2）年龄对幸福感的影响主要集中在心理幸福感方面，然而就业质量也会使年龄对幸福感的影响削弱。从回归模型中我们发现，年龄对自我价值肯定感的作用是非常显著的，年龄越大，个人自我价值肯定感越低。然而引入就业质量变量后，这种显著的影响消失，也就是说，年龄对于个人自我价值肯定感并没有多大影响。这说明，与年龄相比，就业质量对个人自我价值的肯定起到的作用更大，就业带来的收入和职位往往随着年龄增长而增长，这种就业质量的提升在一定程度上削弱了年龄增大而带来的其他负面影响，年龄对于幸福感影响的显著性就大大减弱了。

（3）婚姻对幸福感的作用主要体现在主观幸福感上。从模型分析中我们发现，引入就业质量变量后，婚姻对于个人的经济生活满足感以及社会生活与健康体验感都产生了比较显著的影响，与其他婚姻状态相比，已婚人士经济生活满足感更高，这也与以往的研究结果相似。

婚姻能够缓解生活中的困境、使人得到更多的经济与情感支持，可见，婚姻对于幸福感的提升具有非常重要的意义。

（4）户籍情况对主观幸福感具有一定的影响作用。以往的研究证明户籍对幸福感的影响是非常显著的（Jiang et al., 2012；罗楚亮，2006），本研究的调查结论也说明，户籍人口在经济生活满足感方面明显高于非户籍人口，而加入就业质量相关变量之后，户籍与经济生活满足感的相关性变得更强。

（5）教育对幸福感的提升具有一定作用。本研究发现，教育对于个人经济生活满足感与个人自我价值肯定感的影响比较显著，高学历者比低学历者具有更强的幸福感。这也与以往的研究结论相似。然而，加入就业质量的变量后，教育对于幸福感上述两个维度的作用并不明显，我们认为，人们接受良好的教育很大程度上是为了更好地就业，当人们把就业作为衡量自己幸福感的主要因素时，教育的作用或者价值就下降了。因此，教育虽然对幸福感起到一定的提升作用，但受就业质量的影响，它的作用大为削弱。

（二）就业质量对幸福感的影响

1. 客观就业质量对幸福感的影响

（1）工作疲倦度是影响人们幸福感的主要因素。从回归模型结果来看，工作疲倦度对于本文中测量幸福感的四个维度（经济生活满足感、社会生活与健康体验感、自我价值肯定感、未来预期与信心感）都产生了非常显著的影响，工作疲倦度越高，其所感受到的幸福感就越低。工作疲倦首先会降低人们工作的积极性，导致个体对自己经济生活不满；其次，工作疲倦也使人们的生活与健康体验感不佳，在现实生活中，我们经常发现一些工作纵然给人带来了可观的收入、较高的声誉，但常年的加班和应酬使从事这些工作的人并不能从中得到快乐，工作压力使人不能拥有自己的生活，工作和家庭生活出现了失衡的状况，而随着工作疲倦的日积月累，人们的身心健康也受到了威胁，因此，工作疲倦度对于社会生活与健康体验感也具有很大的影响，人们要想在社会生活和个人健康方面获得较好的体验感，就应该降低工作强度，平衡工作与社会生活的时间，然而这并非是个人能够决定的。

（2）就业状态与职业类型在一定程度上影响了人们的幸福感。就业状态对于幸福感的影响主要体现在经济生活满足感和自我价值肯定感方面，从回归模型来看，相比于无业者，全职、兼职和个体劳动者的经济生活满足感与自我价值肯定感相对较高，这是因为稳定的就业状况能够给人带来稳定的经济来源，因此其经济生活满足感也会相对提升，同时，通过这种自食其力的劳动所实现的个人价值感也增强了个人对自身潜能的肯定。职业类型对于个人的社会生活与健康体验感和未来预期与信心感具有较为显著的影响。职业是社会分层的重要标准，职业给个人带来的不仅仅是一份工作和收入，更重要的是给个人带来相应的社会声望。从本文的回归分析中可以发现，处于不同职业分层的人，幸福感也有比较显著的差异，这主要体现在社会生活与健康体验感方面，相对于无业者，高级管理者、专业人士和服务业劳动者都具有满意度较高的社会生活和健康体验感，而体力劳动者的社会生活与健康体验感的满意度却低于无业者。就业状态和职业阶层是一个人的社会经济地位的体现，对于个人幸福感具有重要影响。

（3）薪资对个人幸福感具有一定的影响作用。本研究发现，薪资对于经济生活满足感具有非常明显的影响，同时，收入也对个人未来预期产生了比较明显的影响。然而，我们的研究发现个人收入的增加对于个人自我价值肯定感以及社会生活与健康体验感的满意度提升并没有产生显著影响，这一结论也可以回答为什么收入的增加不能提升个人整体的幸福感。本文关注的幸福感是一个包含社会融入、自我接纳的广义幸福感，收入增加虽然能够显著提高个人的经济生活满足感，但不能保证个人对自我价值的肯定和满意的社会生活，虽然本文不能证明伊斯特林的"幸福悖论"在我国是否成立，但至少可以验证我国学者之前的研究（邢占军，2011；曹大宇，2009），即收入对于幸福感的影响是有限的，收入的增加并不能显著提升整体幸福感。

（4）社会保险的参与对于个人幸福感的提升具有重要意义。通过统计结果我们发现，社会保险项目参与越多，个人的经济生活满足感、自我价值肯定感以及未来预期与信心感就越强。

2. 主观就业质量对幸福感的影响

（1）失业风险是影响幸福感的关键因素。通过回归模型可以发现，失业风险对于个人自我价值肯定感和未来预期与信心感都产生了较为显著的影响，失业风险越高，个人自我价值肯定感和未来预期与信心感越低，而对于幸福感的其他两个维度没有产生明显的影响。工作稳定是衡量就业质量的一个重要指标，失业风险是人们对未来就业状况的预估，它在一定程度上体现了工作稳定度和就业的保障性。根据经济学和心理学的研究，生活中的大多数人都是风险厌恶者，稳定的工作是每个普通人都向往的，因为它不仅能够给人带来稳定的经济收入，而且还能提供丰富的精神满足和心理归属与安全感。相反，具有较高失业风险的人，经济收入可能具有极大的波动性，但影响更大的是由此带来的对自我价值的怀疑和对未来生活的担忧。国外研究也表明，失业会给人带来经济、社会和心理上的重大损失，特别是在社会和心理方面，失业会给人造成心理上的消极影响以及社会排斥感（Liliana Winkelmann & Rainer Winkelmann，1998），在那些社会地位主要取决于工作的国家里，失业风险给人带来心理和社会方面的消极影响更为明显（Feather，1990）。

（2）工作满意度是个人对其工作总体的感受和体验。通过回归分析我们发现，工作满意度对城市居民的主观幸福感与心理幸福感都产生了较为显著的影响。工作满意度是个人对其就业质量的衡量，这种衡量首先建立在自己的客观就业质量基础上，比如薪资、工作条件、工作职位以及工作提供的福利等，工作满意度越低，幸福感也越低。

（3）职业期望对个人幸福感也具有一定的作用。职业期望是个人对自己工作发展的预期和前景的规划。认为自己能够通过努力获得更高的职业地位的人，更强调个人的社会地位是通过自致因素而非先赋因素获得的，这样的人在求职和就业过程中往往具有积极的心态，这种心态致其更加重视自我价值和潜能的挖掘。

（三）讨论与建议

影响幸福感的因素有很多，本文仅从就业质量入手，分析就业质量的各个维度对幸福感所产生的影响。根据数据分析的结果，本文验证了前人的部分理论。首先，在客观就业质量中，作为收入重要来源的薪资，对个人幸福感的影响是有限的，薪资的提高在物质层面提升了人们的经济满足感，但是对于提升精神层面的幸福感却没有显著的影响；其次，在主观就业质量中，人们感受到的失业风险对个人幸福感具有重要的影响。本项研究表明，要想通过提高就业质量提升人们的幸福感，仅仅依靠单纯的增加薪资、减少工时等措施是不足以达到目标的，因为就业质量包含了多维向度，因此在提升就业质量进而提升人们的幸福感方面，我们需要从多方面入手。

首先，在物质条件改进即硬环境建设方面，政府需要通过扩大社会保险覆盖范围、提高给付水平等措施来保障就业者的基本权益。劳动力去商品化程度反映了一个国家社会保障制度的建设水平（艾斯平－安德森，2003），在当代快速城市化的背景下，城市就业的劳动力商品化趋势不断加剧，而去商品化则是城市就业人口客观需要的保护伞，因为在城市社会中，就业是人们最主要的生活保障，而依附在就业之上的各种社会保障制度即去商品化措施对于保障人们的生存和发展意义非凡。通过教育和岗位培训等手段预防失业风险，通过失业保险、医疗保险和工伤保险等措施化解已经就业人口的风险或可能出现的风险，通过严格规范劳动时间、保障人们的薪资收入、降低工作疲倦度及增加劳动的积极性，可以提升就业的快乐体验进而提升人们的幸福感。

其次，在软环境建设方面，政府和企业应该建立公平的竞争机制和流动渠道，保护人们向上流动的职业期望并使其得以实现。从社会学角度来看，流动到上一个阶层或群体、获得更多的尊重和认可是人类普遍存在的动机，也是一个社会不断进化的原动力。尊严也是人类的基本需求，每个人都有自我尊重和社会尊重的需要（汪和建，2014）。以往的学术研究和政策制定对尊严的需求与供给关注得很少，但是就业质量概念内含了劳动者对社会尊重和自我价值肯定的需要，因此未来的社会政策应该关注个人对就业的主观体验，满足人们对尊严的合理需求。只有把劳动者当做一个拥有正常自尊需求的社会人，在具体工作环境中关注劳动者的情感体验，才能真正提升劳动者整体的工作满意度并最终提升人们的幸福感。因此，政府应该制定相关法律法规，监督企业增加尊严的供给，保障员工对尊严的需求。

在当代社会，幸福不仅是普通民众的生活目标，同时也是各国政府所关心和追求的目标。美国独立宣言把追求幸福的权利跟生命权和自由权一起列为人们不可剥夺的权利；不丹王国甚至把最大化"国民幸福总值"作为其奋斗目标之一，将国民幸福程度的测量上升到了与国民生产总值相同的高度。党的十八大提出"要实现高质量的就业",同样是为了增进人民的福祉,希望每个人、每个家庭都能过上幸福的生活。而就业是民生之基石,只有提高了绝大多数人的就业质量,才能从根本上保障人民过上幸福的生活。因此,本研究所揭示的政策蕴含在于,提高就业质量应该成为未来我国社会政策的主要目标,政府应该在提高就业质量方面有更多的作为。

作为一项探索性的实证研究,本文通过对深圳市调查数据的分析,得到了一些有关就业质量和幸福感的具有启发性的结论。但是,深圳市是我国四大一线城市之一,经济总量位居全国前列,经济发展水平势必影响到居民对就业质量的心理预期以及就业质量对居民幸福感的作用机制,所以单由深圳数据得出的结论其推广性有待验证。此外,就业质量是反映整个就业过程中劳动者与生产资料相结合并取得各种回报的综合性范畴(刘素华,2005),劳动者本身的生理、心理、社会和经济特征都会影响其对就业质量的评价,进而作用于其对幸福的感知。为了进一步剖析就业质量对居民幸福感的影响机制,在未来的研究中,一方面应该关注分区域的比较研究,以了解不同经济发展水平下就业质量对幸福感的影响力,另一方面急需对农民工、大学生等就业市场上的焦点人群展开专门研究,以便更为有效地回应"招工难""最难就业季"等看似矛盾的社会现象,提升就业质量理论的解释力和服务于社会现实的能力。

参考文献

艾斯平 - 安德森(2003):《福利资本主义的三个世界》,郑秉文译,北京:法律出版社。
曹大宇(2009):《阶层分化、社会地位与主观幸福感的实证研究》,《统计与决策》,第10期。
赖德胜(2011):《2011中国劳动力市场报告》,北京:北京师范大学出版社。
李军峰(2005):《中国非正规就业研究》,郑州:河南人民出版社。
李路路(2005):《中国城镇社会的阶层分化与阶层关系》,《中国人民大学学报》,第2期。
刘素华(2005a):《建立我国就业质量量化评价体系的步骤和方法》,《人口与经济》,第6期。
刘素华(2005b):《就业质量:内涵及其与就业数量的关系》,《内蒙古社会科学》(汉文版),第5期。

罗楚亮（2006）：《城乡分割、就业状况与主观幸福感差异》，《经济学》（季刊），第 3 期。

马庆发（2004）：《提升就业质量：职业教育发展的新视角》，《教育与职业》，第 12 期。

汪和建（2014）：《尊严、交易转型与劳动组织治理：解读富士康》，《中国社会科学》，第 1 期。

邢占军（2011）：《我国居民收入与幸福感关系的研究》，《社会学研究》，第 1 期。

Beaston, M. (2000). Job Quality and Job Security. *Labor: Market Trends*, October.

Blanchflower, D. G. and Oswald A. J. (2007). Hypertension and Happiness Across Nations. Institute for the Study of Labor Discussion Paper No. 2633, Bonn, pp. 1 – 16.

Bradburn, N. M. & Noll, C. E. (1969). *The Structure of Psychological Well-being*. Aldine Public Company.

Clark, A. E., Frijters, P. and Shields M. A. (2006). *Income and Happiness: Evidence, Explanations and Economic Implications*. Mimeo, PSE, Paris, pp. 11 – 18.

Diener, E. (1984). Subjective Well-being. *Psychological Bulletin*, 95 (3).

Easterlin, R. A. (2001). Income and Happiness: Towards a Unified Theory. *Economic Journal*, 11.

Easterlin, R. (1995). Will Increasing the Incomes of All Increase the Happiness of All? *Journal of Economic Behavior and Organization*, 1 (27): 35 – 47.

European Foundation (2002). Quality of Work and Employment. *European Foundation for the Improvement of Living and Working Conditions*, 1: 6.

Feather, Norman T. (1990). *The Psychological Impact of Unemployment*. New York: Sringer.

Frey, B., and A. Stutzer (2002). What Can Economists Learn from Happiness Research? *Journal of Fconomic Literature* 40 (2).

Graham and Felton. (2006). Inequality and Happiness: Insights from Latin America. *Journal of Economic Inequality*, 4 (1).

Helliwell. (2004). Well-being and Social Capital: Does Suicide Pose a Puzzle? *NBER Working Paper*, 108 (96).

Jiang. S., Lu. M. and Sato. H. (2012). Identity, Inequality, and Happiness: Evidence from Urban China. *World Development*, forthcoming.

Jofri, Roopali. (2005). Work Values and the Quality of Employment: A Literature Review. Department of Labor in Newzealand, http://www.dol.govt.nz.

Loscocco, K. A., & Spitze, G. (1990). Working Conditions, Social Support, and the Well-Being of Female and Male Factory Workers. *Journal of Health and Social Behavior*, 31 (4).

Lucas (2005). Time Does not Heal All Wounds: A Longitudinal Study of Reaction and Adaptation to Divorce. *Psychological Science*, 16.

Schroeder, Fredric K. (2007). Workplace Issues and Placement: What Is High Quality Employment? *Work*, 29 (4): 357 – 358.

Stansfeld, S. A., et al. (1995). Work Characteristics and Psychiatric Disorder in Civil Servants in London. *Journal of Epidemiology & Community Health*, 49 (1).

Watson, D., & Clark, L. A. (1997). Extraversion and Its Positive Emotional Core. In R. Hogan, J. Johnson, & S. Briggs (Eds.) *Handbook of Personality Psychology*. San Diego: Academic Press.

Winkelmann, Liliana and Winkelmann, Rainer (1998). Why Are The Unemployed So Unhappy? Evidence from Panel Data. *Economica*, 65.

Yip, Subramanian, Mitchelli, Lee, Wang and Kawachi. (2007). Does Social Capital Enhance Health and Well-being? Evidence from Rural China. *Social Science and Medicine*, 64.

Analysis on the Relations between Urban Residents' Employment Quality and Happiness

Yanhui Xu
(Xiamen University)

Gaozhe Wang
(Party School of the Chaoyang Committee of CPC)

Abstract: Happiness is a lifelong pursuit of people. Happines index is an important indicator to rate the extent to which people are satisfied with their life in a country or region. The present study discussed happiness of urban residents from a perspective of employment quality. According to analysis results of Shenzhen Social Quality Investigation Data, it was found that urban residents´ happiness is negatively correlated with their work fatigue and positively associated with the stability of their employment, professional classes, and job satisfaction. In addition, it was found that social insurance serves as a facilitator of happiness while risk of unemployment is a negative predictor of happiness. The implications of findings for the future direction of public policy were discussed.

Key words: employment quality, urban residents, happiness

医疗救助政策实施过程中的福利可获得性研究

——以唇腭裂儿童救助"重生行动"项目为例[*]

中国青年政治学院 史柏年 彭 振 马 烨 董小源

摘 要 在医疗救助政策实施过程中,良好的政策文本并不必然导致政策对象群体受益。本研究以民政部与李嘉诚基金会合作开展的"重生行动——全国贫困家庭唇腭裂儿童手术康复计划"为例,运用福利可获得性的理论分析框架,从服务的存在状态与福利资源的丰兼、服务对象对于福利政策信息的获得途径、政策主体的目标端正与相互契合、服务设施充足且可及性强、政策措施随情势变化而做调整五个维度,研究分析了社会政策服务对象福利获得性的影响因

---

[*] 研究基金来源:本研究所依托的素材资料,源自民政部与李嘉诚基金会合作开展的"重生行动——全国贫困家庭唇腭裂儿童手术康复计划"实施4年的实践。2012年,中国社会工作教育协会组织策划的"重生行动社会心理服务计划",获得中央财政支持社会组织参与社会服务项目办公室资助立项。"重生行动"项目结束后,李嘉诚基金会资助"医疗救助政策实施过程中的福利可获得性研究——以唇腭裂儿童救助'重生行动'项目为例"课题立项。

素，为类似的医疗救助性社会政策的实施提供可资借鉴的经验。

关键词 医疗救助 政策实施 福利可获得性

在科学发展观指引下，我国社会经济发展的目标已经不再以 GDP 为唯一衡量指标，关注民生、增进福祉已经成为党和各级政府制定和施行各项政策的基本出发点和首要目标。如党的十八大报告所指："提高人民物质文化生活水平，是改革开放和社会主义现代化建设的根本目的。要多谋民生之利，多解民生之忧，解决好人民最关心最直接最现实的利益问题，在学有所教、劳有所得、病有所医、老有所养、住有所居上持续取得新进展，努力让人民过上更好生活。"在上述指导思想的转变中，我国社会福利政策也开始由重点关注温饱与生存的补缺型救助模式向增进全体国民生活质量的适度普惠型模式转变。本文以唇腭裂患者的医疗救助项目为例，研究社会政策实施过程中福利可获得性的影响因素及其程度，为类似的医疗救助性社会政策的实施提供可资借鉴的经验。

一 研究概述

（一）研究背景

民政部与李嘉诚基金会从 2008 年 3 月起，在全国联合实施"重生行动——全国贫困家庭唇腭裂儿童手术康复计划"（简称"重生行动"）。截至 2012 年 5 月，各地民政厅（局）共筛查贫困家庭唇腭裂患者 38118 例，项目承办医院共治愈唇腭裂患者 32436 例，其中唇裂患者 16611 例，唇腭裂患者 15825 例。[1] 2010 年初，"重生行动"荣获 2009 年度中华慈善奖"最具影响力慈善项目"殊荣。2011 年 10 月，"重生行动"被评选为全国优秀福利彩票公益金项目国家级优秀项目。对于唇腭裂患者的医疗服务，从主要由患者个人及家庭承担费用，或

---

[1] "重生行动——全国贫困家庭唇腭裂儿童手术康复计划"，民政部门户网站，http://www.mca.gov.cn/，2012 年 9 月 10 日。

者主要由社会民间提供资助的公益慈善行为，向由政府承担主要责任的社会政策转变。将唇腭裂患者医疗纳入大病医疗保障范畴，就是在这样的社会背景下出现的。

随着国家医疗卫生部门将唇腭裂患者的医疗救助纳入医疗保障体系，"重生行动"项目完成使命而宣告结束。在对"重生行动"项目4年工作进行回顾和总结之际，我们除了关注项目实施过程中医疗救助的数量和效果之外，更加看重的是"重生行动"项目实施过程中积累的经验，可以为今后类似的医疗救助政策执行提供指导和借鉴。

（二）研究主题

当然，一项好的社会政策的出台，并不等于这一社会政策的目标对象群体一定会受益。许多对社会政策过程的研究表明，社会政策实施过程的许多环节中，都会出现阻碍政策目标实现的影响因素。在我国社会运行中，政策在贯彻过程中出现走样的现象也并不鲜见。因此，如何使好的社会政策得到顺利实施，便成为本研究关注的主要话题，通过对于"重生行动"项目的经验总结，我们要探讨的问题包括：一项好的医疗救助的社会政策应该包含哪些基本要素？以社会弱势人群为对象的医疗救助政策在执行中可能遇到哪些问题？医疗救助政策主体应该如何应对实施过程中出现的问题？医疗救助从政策文本到福利获得其运行的规律和机制是什么？"重生行动"可以为类似的医疗救助政策实施提供哪些经验与借鉴？

二 文献综述

本研究的主题是"医疗救助政策实施过程中的福利可获得性"。此主题涉及的核心概念分别是：医疗救助、政策实施、福利可获得性。围绕研究主题所进行的文献梳理自然包含核心概念所涉及的以下三方面的内容。

（一）公共政策执行影响因素的相关研究

被誉为执行研究奠基人的普雷斯曼与怀尔德夫斯基（J. Pressman &

A. Wildavsky）所撰写的、被认为是政策执行研究发轫之作的《执行》一书于 1973 年出版之后，西方国家学者对于政策执行（实施）研究的关注日渐趋热，相关研究成果也日渐丰硕。其中，学者们关注的焦点之一就是对于公共政策执行产生影响作用的研究。

美国学者多纳尔德·范米特与卡尔·范霍恩（Donald VanMeter & Carl Van Horn）在普雷斯曼与怀尔德夫斯基所提供的一般性的方法的基础上，提出了可以对执行过程进行分析的包括六个变量的模型（1975），分别是：①政策标准与目标；②可获得的资源与激励手段；③组之间关系的性质；④执行机构的特征；⑤经济、社会与政治环境；⑥执行人员的处置与回应（麦克·希尔、彼特·休普，2011）。

英国学者布莱恩·霍格伍德与刘易斯·冈恩（Brian Hogwood & Lewis Gunn）则从给政策制定者建议的角度，提出了确保好的社会政策被执行的条件是（1984）：执行机构的外部环境不对其施加过强的限制；（政策）项目的实施应当获得足够的时间与资源；在执行过程中能真正获得每一阶段所需的资源配置；需要执行的政策基于正确的因果关系原理；原因和结果之间的关系是直接的，其间很少存在干预性环节；单一的、不需要依赖其他机构就能取得成功的执行机构对需要实现的政策目标有全面的理解与一致同意，而且这种共识在整个执行过程中都能持续；尽可能把每一位参与者需要执行的任务的全部细节和恰当的排序予以详细说明；卷入（政策执行）项目的各个要素之间有理想的沟通与协调；权力机构的政令畅通并得到正确的遵从（麦克·希尔、彼特·休普，2011）。

国内学者对于政策执行影响因素的研究侧重于对福利输送的组织能力和运行机制的论述上。

周昌祥在《和谐社会前景下社会福利有效传递与社会工作发展》一文中，引用福利学者格特威廉所提出的观点："决定人民可以接受服务的关键，不在于政策本身的完备、宏伟，而在于执行政策的行政组织是否有足够的服务能力、管理能力和各部分的协调能力"。其后，周昌祥指出：福利国家的理念，只有结合行政执行的效能和服务传递，人们的生活福利才会有实质性的改善。因此有效的福利发送机制是福利政策实施的保证（周昌祥，2007）。

刘娜在《我国社会政策运行机制存在的问题及其对策》一文中指

出：在社会福利的输送上，我国目前依旧是以政府直接管理和经营社会服务机构为主，输送渠道较为单一，因此在实物福利和服务福利上极易造成政府负担过重和社会资源的浪费。21世纪后，我国政府虽然开始注重公、民合作来为广大群众提供更加优质、高效的社会福利，但是民间力量发育速度缓慢，民间组织发育也不完善，参与福利提供的能力还相对欠缺，因此我国要加紧探索多元的社会福利输送方式，降低社会服务成本，提高社会服务效率（刘娜，2012）。

（二）福利可获得性的相关研究

可获得性是指服务需求者可以获得他/她所需要的服务，或某种福利服务具备需求者可以获得的性质和程度（王思斌，2009）。

吉尔伯特（Gilbert N.）从政策实施、体系运行的角度对社会福利的输送系统进行分析，指出社会福利资源的存在并不一定使政策对象获得福利。他指出，社会福利服务的输送体系可能存在分割性、不连续性、不负责任和不可获得性。分割性是指福利服务被分散于城市的不同地区。不连续性是指虽然福利服务处于同一地区但并不靠近，交通上的不便使得需求者不易连续获得整个服务。不负责任则指福利提供者的态度和行为。不可获得性则指服务对象因为各种障碍（居住地、社会排斥等）不能进入社会服务网络，即社会福利对他/她来说是不可获得的。

王思斌赞同吉尔伯特对福利输送的几个方面障碍的概括，但与吉尔伯特的不同之处在于，王思斌将福利资源的短缺也包含在内，认为当某些服务资源缺乏时对于需求者来说就具有不可获得性（王思斌，2009）。

王思斌在《我国城市社区福利服务的弱可获得性及其发展》一文中，在引用吉尔伯特的理论对我国城市社区福利服务运行中存在的问题进行深入剖析后，创新性地提出了福利"弱可获得性"的概念，并指出我国城市社区福利服务存在弱获得性特点的原因。首先是福利提供上的不足，政府在具体服务方面的投入较少，政府既没有实施购买服务的项目，也缺乏对社区组织开展福利服务经费上的支持，再加上社区服务主要依靠地方政府拨款，所以福利服务提供显得薄弱。其次是福利服务建设过程中由于执行部门存在的利益问题而导致目标偏离。

再次是社区福利设施还存在非可及性，体现在服务设施的短缺，活动空间的难以获得，而现有的福利设施很多都只是展示品。最后是需求者信息的获得以及服务空间上的可接近性差，没有从不同人群的不同需求出发去提供不同层次的服务，服务提供与服务需求脱节（王思斌，2009）。

（三）医疗救助政策福利可获得性的相关研究

朱胜进、李崇岩、王克春在《关于城市贫困人口医疗救助的思考》中指出，目前我国医疗救助过程中存在许多难点：首先是如何准确地界定贫困对象。在选择救助对象时应该把握好比例，即经济条件较差的地区救助人群比例应该高些；另外要根据贫困现状的动态变化，及时、定期地重新界定贫困人群。其次是在资金有限的情况下如何确定优先救助群体。再次是医疗救助资金供需矛盾。一方面源于资金短缺，另一方面由于资金不能及时到位加剧了该矛盾。最后是相关部门之间的配合与沟通不畅，部门职责不清，导致了医疗救助政策和规定得不到落实，医疗救助没有发挥应有的作用（朱胜进、李崇岩、王克春，2005）。

应晓华、许可和胡善联在《城市贫困人口医疗救助的模式》中指出，"根据亚洲发展银行报告，城镇贫困人口的健康状况一般较差，而资源分配则倾向于中高收入者，因此贫困人口得到医疗服务的可及性低于中高收入者"。在我国，一方面贫困人口收入降低，另一方面由于医疗费用上涨迅猛，贫困人口的医疗需求受到遏制。

应晓华、许可和胡善联在论文中介绍了全球针对医疗卫生服务的公平性和可及性低问题的解决办法，大致分为几类：①建立全民的卫生服务体制；②对穷人实行公共补贴的混合机制；③为穷人建立专门的保险；④提倡社会捐助和国际慈善组织援助。我国目前一方面是政府颁布一些规定，在医疗保障方面对贫困居民给予帮助，另一方面非政府组织起到了很重要的作用（应晓华、许可、胡善联，1999）。

曲玉国在《比较与借鉴：国外医疗卫生服务的合作机制》中指出：改革开放以来，中国的医疗卫生体制改革取得一些进展，但也暴露了许多问题。当前的医疗卫生服务出现两极分化，公平性大大降低。

笔者总结了全球四种典型的医疗模式，以英国为代表的国家保障型、以德国为代表的社会保险型、以美国为代表的商业保险型、以新加坡为代表的储蓄医疗保险型。这四种模式对我国的借鉴是：应该高度重视发展以社区为基础的基本卫生服务，维护卫生服务的可及性和公平性。同时建立基层卫生服务和医院服务两大体系，并在二者之间设置严格的双向双层转诊制度，合理疏导病人就医流向，充分发挥医疗保健提供者的"守门人"作用（曲玉国，2008）。

钱建强在《新医改凸显公益性质与政府责任》中指出：新医改体现出未来时期内医疗改革的主要方向，即弥补医疗卫生公益性质的不足。因为当下老百姓看病难看病贵的困境很大原因在于医疗服务缺乏足够的公益性质。表现在首先是政府财政投入不足，虽然投入总数有所增长但占卫生总费用的比例持续下降。另一方面，医疗资源分配不公。因此，首先要回归政府的责任，但同时不排斥市场化，在增强公益性质时，也追求效率的提高（钱建强，2007）。

向春玲通过在山东农村的实地调研发现，我国目前由政府主导的新型农村合作医疗制度由于保障水平低，所提供的医疗救助资金有限，农民看病难问题并没有得到有效的解决。而作为公益组织的红十字会加入新农合制度建设之后，建立了社会资源流入医疗救助基金的渠道，一定程度上缓解了新农合医疗救助资金不足的问题，在帮助特困农民加入新农合的同时，提高了对大病农民的救助水平，有力地推动了新农合的制度建设（向春玲，2006）。

王思斌在《中国社会福利的内卷化及发展——中国市场化转型中社会福利制度的变迁》一文中，把在国家整体改革进程中，经济发展了，全社会的福利投入总量增加了，但人们（特别是贫困群体）的社会福利状况并没有改善的现象称为社会福利的"内卷化"。指出：改革以来政府和社会所承担的卫生费用的比例基本上呈下降趋势，政府和社会（工作单位、集体和社会组织）没有有效地承担起支持民众获得卫生福利的责任，他们在将人们的卫生福利的责任推给个人。在卫生和医疗方面，人们不得不依靠自己的力量来应对身体健康方面的风险。人们基本上是靠自己而不是靠政府和工作单位来医治疾病，维持自己的身体健康。这就是医疗卫生服务市场化的情景。……受公共服务、社会服务市场化影响最大的不是富裕群体，而是在市场化改革中出现的中低收入群体。他们在就业、经济收入上处于弱势地位，在公共服务、社会服务方面又受到不应有的拒斥。所以，即使竭尽全力，他们也只能是竞争中的弱者。然而，由市场机制创造的、被富裕群体维持的、不断走高的社会需求，背离中低收入群体的基本需要，因此中低收入群体又不得不在上述条件下追求自己需要的满足，或者压抑自己的需要。这就使得，中低收入群体的基本需要不能得到满足，他们的福利是"亏空"的（王思斌，2011）。

从上述文献回顾情况可见，目前国外关于政策执行和福利可获得性方面的研究已经取得较大进展，而国内研究还处于刚刚起步的阶段。除了少数学者对此领域有较多关注并做出较为深刻的论述外，大多数学者还只是在个别障碍性因素的说明和分析方面有所涉猎，缺乏对于社会政策被执行条件以及福利可获得性影响因素的系统研究。在研究方法方面，大多数学者还只是停留在理论思辨的层面进行论述，少有基于典型案例的实证性研究。

（四）研究思路与分析框架

王思斌分析我国城市社区福利服务"弱可获得性"的原因包括：福利资源投入不足、执行过程目标偏离、服务设施可及性低、服务空间可接近性差。在王思斌提出的研究思路基础上，我们从资源状况、信息传递、目标坚持、设施分布和措施完善五个方面来检视我国医疗救助型社会政策（服务项目）执行中，影响服务对象获得福利的因素状况，通过对于"重生行动"服务项目实施过程的描述和分析，为读者呈现在社会政策的实施中，执行"发生了什么"，以及影响执行所"发生的事情"。

本文的分析框架是：

医疗救助政策——"重生行动"项目 ｛ 福利资源的数量与质量 / 服务对象对信息的获得 / 服务主体目标及契合度 / 服务设施便利与可及性 / 政策因情势变化而调整 ｝ 福利可获得性

三 研究方法及样本基本情况分析

（一）研究方法

本课题采用文献研究、问卷调查和访谈研究相结合的方法收集资料。

1. 文献包括相关医疗救助政策实施的研究文献；"重生行动"项目实施过程中制定的相关规定。

2. 问卷调查分为三个部分，第一部分是 2012 年"重生行动"项目实施中开展社会心理支持性服务时所做的前测、后测问卷所收集的信息资料，前测问卷共计 729 份，后测问卷共计 623 份；第二部分是 2012 年"重生行动"项目实施中在进行社区服务时所做的回访性问卷，共计 230 份；第三部分是 2012 年"重生行动"项目实施中在医院开展服务时对服务对象所做的回访性问卷，回访问卷共计 465 份。

3. 访谈对象主要是参与"重生行动"的部分人员，包括李嘉诚基金会人员、民政部门人员、医护人员、唇腭裂儿童及家长、社会工作专业教师等。

（二）接受"重生行动"项目资助的唇腭裂患者家庭的基本情况

465 份医院回访问卷的统计数据显示，患者性别：65.7% 男性，34.3% 女性，男女性别比约为 2∶1。患者的年龄大多集中在 10 岁以下，具体分布为：1~3 岁，50.2%；4~10 岁，22.7%；10~15 岁，16.7%；16~25 岁，8.9%；25 岁以上，1.3%。

729 份前测问卷收集的数据显示，服务对象大部分来自农村，来自城镇的很少，农村户籍人员占 89.49%，城镇户籍人员仅为 10.51%。接受资助的唇腭裂儿童的家长的职业比重最大的是农民，其次是工人，其中农民的比例为 69.01%。接受资助的唇腭裂儿童的家长的整体文化水平比较低，初中学历最多，占 47.27%，其次是小学学历，占 32.73%，二者共占到服务对象的 80%。

四 医疗救助福利可获得性影响因素分析

465份医院回访问卷的统计数据显示，受到资助的唇腭裂患者及其家人对于"重生行动"项目各类服务以及项目的总体评价很高。其中，对于定点医院医生的服务表示满意的患者或家长有409人，占总数的89.3%；对于定点医院护士的服务表示满意的患者或家长有387人，占总数的85.6%；对于定点医院语音师表示满意的患者或家长，占总数的85.6%；对于定点医院手术效果表示满意的患者或家长有410人，占总数的95.8%；对于"重生行动"整体服务表示满意的患者或家长有413人，占总数的91.4%。①

从上述调查数据的统计分析可见，"重生行动"项目对于贫困家庭（尤其是农村贫困家庭）的唇腭裂患者而言，是一项福利可获得性较为明显的公益活动。在项目实施过程中，无论是项目覆盖地域的广度，还是目标受益人群的宽度，以及受益人群对于项目实施的满意度，都达到一个较高水平。"重生行动"项目的实施，无疑为我国公益性医疗救助政策的制定与实施提供了可资借鉴的经验。运用前文中有关福利可获得性研究的分析框架，再结合对"重生行动"项目的文献资料、问卷调查资料以及访谈资料提供的信息分析，我们发现，医疗救助政策福利可获得性的影响因素有以下几个方面。

（一）福利资源的丰歉程度与质量状况

任何公益性、福利性的医疗救助政策的实施，都需要以充足和优质的福利资源作为保障。某种福利资源越丰裕人们就越容易获得，某种福利资源越稀缺人们就越不容易获得（王思斌，2009）。当前我国有些面向贫困人群的医疗救助政策之所以落实不好、效果不佳，首要的原因就在于对福利资源的投入力度不够。如有学者所言，"当下老百姓看病难看病贵的困境很大原因在于医疗服务缺乏足够的公益性质。表现在首先是政府财政投入不足，虽然投入总数有所增长但占卫生总

---

① 在回收的465份问卷中，针对每一个问题都有少量被访者弃答，因此，上述数据是按照465份减去该问题缺失数据后的有效数据计算而来。

费用的比例持续下降"（钱建强，2007）。"我国目前由政府主导的新型农村合作医疗制度由于保障水平低，所提供的医疗救助资金有限，农民看病难问题并没有得到有效的解决"（向春玲，2006）。

与上述问题和困境相比，"重生行动"在资源投入及配置方面的经验在于以下三个方面。

1. 政府与社会合作：资源筹措的多元性

改革开放以来，中国的医疗卫生体制改革取得一些进展，但也暴露了许多问题。其中一个主要问题是将公益性质的医疗服务过分推向市场，政府在医疗卫生服务（尤其是向弱势人群提供医疗救助服务）方面资源投入不足，这导致本应以社会政策形式开展的对于农村贫病人群的医疗救助活动，变成主要以社会民间力量资助的公益慈善行为，本应得到更多医疗救助的农村贫病人群在福利资源面前表现为"弱获得性"。

目前，国内致力于贫困家庭唇腭裂患者医疗救助的公益性慈善活动，除了"重生行动"项目之外，还有"微笑行动"项目和"嫣然天使"项目等项目。

与上述两个公益性慈善项目相比，"重生行动"项目启动的时间要晚一些，但是到2012年5月为止，"重生行动"项目资助的贫困家庭唇腭裂患者的人数已经超过了前两个项目。"重生行动"项目之所以能够后来居上，重要原因就在于采取政府与民间合作的途径，运用多元化的方式筹措资金。

"重生行动"项目由民政部与李嘉诚基金会合作开展，所需经费也由两家分别承担。2008年"重生行动"第一期项目启动时，"重生行动"项目资助金总规模为1亿元，其中，民政部投入本级福彩公益金5000万元，李嘉诚基金会捐赠5000万元。2011年"重生行动"第二期项目又投入资助金1亿元，其中，民政部投入本级福彩公益金5000万元，李嘉诚基金会捐赠5000万元。总计2亿元的资助金额，为"重生行动"项目的顺利实施提供了充足的经费保障，总计有3万多名贫困家庭（尤其是农村贫困家庭）的唇腭裂患者得到了高于社会其他公益救助活动标准的医疗经费资助。

"嫣然天使"项目的资助原则是量入为出，即根据接收捐款情况确定资助名额，而且只负担患者唇腭裂的功能恢复缝合手术的医疗费用。"重生行动"项目在启动之前就已经筹措了足够数量的资金,合作双方根据项目进展情况及需要再协商追加费用。在资助内容方面,"重生行动"项目除了负责全额支付资助对象在项目承办医疗单位接受的相关检查、手术治疗和康复指导费用之外,还补助资助对象及一名陪护人员的食宿和交通费用,这样的资助方式使得农村贫困家庭能够在经费承担方面负担很小,甚至没有,大大提高了患者对于医疗救助服务的可获得性。

下面摘录的是几位患儿父母谈到医疗费用给全家人造成的困扰时说的话:

> 像我们这样的家庭出现这样的孩子,没有钱去治疗,说一切其他的都感到没有用……(h01)

> 听人家说治这个病花费太大,我家经济情况不太好,娃他奶都不想要娃了。……娃他爸当时也是接受不了,就问他姐咋办,他姐上网查了一下,就看到这个"重生行动",然后就给四医大打电话问,就来了。(x01)

> 当时我姐姐在孩子出生没多久的时候就来这个医院问了手术的事情,因为排队的人多,而且当时没听说这个免费治疗,就暂时搁下了。你们这个活动挺好的,还给免费治疗,现在国家的医疗真是越来越好了。(x07)

2. 选择最好的医疗机构:为患者提供优质医疗服务

在过去面向农村贫病家庭成员的医疗救助服务中,有一种习惯性的思维,就是尽量将对病人的医治服务放到基层的医疗机构中实施,而避免向大城市的大医院聚集。这样的做法固然有利于发挥基层(尤其是农村)医疗机构在多发性、常见性疾病防治方面的作用,但是这样做法的背后也蕴含着对农村贫病家庭成员获得优质医疗服务权利的忽视与排斥。

唇腭裂是口腔颌面部最常见的先天性畸形,由于唇腭裂是一种系列的立体的畸形和障碍,众多的问题都需要妥善解决:要修复唇腭裂、牙槽裂,要在术前术后矫正牙颌畸形、修复缺牙,要治疗听力障碍、语音缺陷、心理障碍,矫正唇鼻继发畸形甚至颌骨畸形等,因此需要

10多个学科的参与，通过长期的、有序的、系统的治疗才能达到目的。唇腭裂不仅影响患者的日常生活，还影响患者外貌形象，随着患者年龄的增长和身体的发育，需要适时地进行系列性的修补治疗，有的患者的手术次数多达七八次甚至十余次。目前国内能够施行唇腭裂修复手术的医院和医生越来越多。但是，在医疗资源配置极不均衡的我国现行医疗卫生体系中，资质优、设备全、水平高、质量好的医疗资源大多集中在城市，尤其是集中在直辖市及省会一级的城市。

我们以前接触过的有些农村家庭的唇腭裂患者，他们因为信息、路程或者经济上的限制，曾经在较为初级的医疗机构接受过唇腭裂修补手术治疗，但是由于技术水平化，手术结果不理想，又到大中城市的大医院再接受手术治疗，造成经济上、心理上的更大困扰。如首都医科大学附属北京口腔医院 CRJ 医生所描述的：

> 很多病人，不管是我们的病人，还是其他项目，还是许多自费的病人，还是以前在当地做的病人，手术以后，有主观因素，有客观因素引起的，就是对手术效果不满意。这种不满意，对病人的后续影响，就跟没做一样。你比如说，做完以后说话还是不清楚，大豁口变小豁口，还有一部分裂开，这跟没有做一样，这种情况不解决，会跟唇腭裂手术没做一样。

"重生行动"项目从一开始就寻求与全国最好的医疗机构合作，从确定的33家承办医院看，绝大多数是首都或省会城市中擅长唇腭裂治疗的专科或综合的三甲医院。

李嘉诚基金会 CY 女士的话最清晰地诠释了项目的初衷。

> 我们的理念是，贫困的人群值得获得高质量的服务，不是因为是慈善就可以低标准，所以就定了要最好的医疗水平。

CRJ 医生也表达了同样的想法。

> 首先，选的定点医院就是一下子到位，保证质量，刚开始在22个省份，每个省份都是这方面最顶尖、最有经验的、设备条件

最好的……首先保证了手术质量和效果，后来扩展到每个省一家医院。

3. 遵循现代医疗理念：为患者提供全方位的医疗服务

传统医学模式只注重患者生理疾病的医治和功能恢复，而现代医学模式则强调"生物—心理—社会"三位一体的治疗理念，不仅要对患者提供生理上的治疗，也要提供社会、心理支持。受现代医学模式的影响，"重生行动"项目超越了眼下一般公益性慈善项目只注重口腔颌面部缺陷修补的目标，为患者提供生理修补、语音训练、心理辅导、社会康复等全方位的医疗服务。使"重生行动"项目在践行现代医学理念的探索中起到了示范的作用。

CRJ 医生在回顾这一过程时十分有成就感地说道：

> "重生行动"在策划时，就要考虑到病人的真正康复不是手术就能解决的，比如语音治疗、心理修复……所以我们这个项目就是一做的时候，除了手术，还考虑到其他的影响问题，后来我们就把语音、心理都加入到项目。

CY 女士也充分估计到"重生行动"项目对全国唇腭裂治疗领域的影响。

> 我们的项目不只是医疗救助，是全方位的、一体化的，做手术、语训、家长教育、孩子教育等，这些远远扩大了本来的唇腭裂治疗的核心业务范围，提高了（医院）业务水平。……以前唇腭裂语训虽然很多人倡导，但是一直没有结合得很好。我们这样一条龙的服务，实际上是扩大了中国唇腭裂医疗的领域。

唇腭裂病患与其他的疾病不同，唇腭裂儿童由于面部的畸形，发音不清等，在成长中遇到的困难和挫折较多，得到的支持较少，其心理和行为与正常儿童相比有明显的异常（杜红梅、周洪，2006；潘令仪、王祖承，2001）；有较高的社交恐怖、情感性和情绪性障碍（Dilsaver, 2003; Gillberg, 2003）；更倾向于内向、情绪不稳定、自卑、有社交困难（汤兰萍等，1997）。患儿父母的心理常常是决定患儿能否健康成长的关键要素。唇腭裂儿童父母则普遍处于一种负性心理状况，几乎所有家长均对患儿有不同程度的排斥（张瑛等，2005），少数还表现出躯体症状（郑雷蕾等，2005）。他们求治心切，期待过高，对分期治疗缺乏耐心和信心，对语言训练缺乏毅力，几乎不了解疾病的起因和治疗时机（张慧中，1994；郭玉兰，1992）。由于患儿的父母存在着严重的心理障碍，这将直接影响唇腭裂儿童的生活质量和健康的恢复（王伯钧，2010）。

为了应对唇腭裂家庭的社会心理需求，"重生行动"项目办公室委托中国社会工作教育协会组织策划"重生行动社会心理服务计划"。中国社会工作教育协会指派中国青年政治学院北京青少年生命教育基地具体实施"重生行动社会心理服务计划"。2009年，"重生行动"项目办公室联合中国青年政治学院与北京口腔医院，合作开展社会心理支持服务实验——唇腭裂患者家长"互助关怀"社工小组服务，取得了良好效果。2011年初，"重生行动"项目办公室与中国社会工作教育协会合作，组织全国10家高校携手10家医院，动员87名高校师生志愿者、44名医院医生和护士，在1～6月开展累计60余期小组活动及若干个案服务，为619名唇腭裂患者家长提供社会心理支持服务。2012年，中国社会工作教育协会与"重生行动"项目办公室合作，又在北京、四川、江西、云南、陕西、江苏、安徽、广西、湖北、甘肃、山东、广东、河南、贵州、福建15个省份开展服务。除了继续为住院治疗的农村贫困家庭唇腭裂儿童及其家长提供社会心理支持服务外，还开展唇腭裂儿童所在地区的社区服务，宣传普及相关知识，消除社会歧视，增强患儿的抗逆力和社会适应能力；在救治唇腭裂儿童的医院，宣传和开展社会工作服务，建立医务社会工作团队，促进医务社会工作的发展。2012年，全国15所高校共计动员、培训277名社会工作专业师生参与服务活动；15家医院中配合服务的医护人员达136人。4～9月，在医院开展88期小组活动及若干个案服务，为2730名唇腭裂儿童和家长及136名医护人员提供专业服务，医院总计服务人数达到2866人；在15个省份的农村山寨、街道社区开展唇腭裂预防、治疗的宣传，教育和入户探访活动，为734名唇腭裂儿童、家长及3631名社区居民提供直接服务，总计社区服务人数达到4365名。综上所述，医院服务和社区服务两项服务总计服务人数达7231名。

"重生行动社会心理服务"活动为患者及其家人提供了社会心理方面的支持，得到患者及其家人的充分肯定与认同。具体效果体现在以下几方面。

首先，缓解唇腭裂儿童家长的心理压力，提高其幸福感。通过参加服务，患儿家长有机会倾诉各种烦恼、痛苦和困难，讲述自己的故事，共享彼此的经验，缓解了压力，调整了心态。一位家长妈妈的手机短信（安徽）：

  很高兴认识你，昨天是我到合肥这里最开心的一天。谢谢你们。（来自手机QQ：http：//mobie.qq.com）

其次，给唇腭裂儿童及家长带来信心和希望，促进家庭和谐。服务倡导"优势视角"，一方面鼓励家长看到自己的闪光点和能力，提升其角色意识，使其能够更深入地体会到孩子的感受，给孩子更多锻炼和学习的机会，为孩子的不断进步输送正能量；另一方面帮助儿童走出社会歧视的心理阴影，使其与其他孩子共享同一片蓝天。一位原本想抛弃孩子的家长说（贵州）：

  现在就是给我们20万，我们也不会考虑将孩子丢弃。谢谢你们，让我们发生改变。

一位7岁唇腭裂儿童（西安）：

  谢谢各位叔叔阿姨，谢谢各位哥哥姐姐，我可以上学了，我也可以唱歌了！我不怕其他人会笑我了！

再次，提升唇腭裂儿童家属的教育意识，在一定程度上提高其教育水平。服务使得家长认识到自己在教育孩子方面存在的不足，也体会到在修补孩子生理缺陷的同时，塑造健康的心灵也非常重要。心理康复需要什么条件，父母应该怎么做，孩子应该怎么做等问题，在活动和讨论中得到解答和巩固。一位（新疆的）家长在阅读我们发放的宣传页后说：

> 来这之前，就想把孩子的外貌整得跟其他孩子一样就成了，现在才知道还得对孩子进行心理辅导，反正对他以后有帮助、有好处。

最后，建立患儿家长的社会支持网络，使互相学习与帮助得以延续。在帮助孩子健康成长的过程中，家长需要不断交流，及时沟通，建立一个能够持续发挥作用的支持网络是十分重要的。通过服务，患儿家长结交新朋友，交换联系方式，建立 QQ 群，相互间的沟通交流明显增加。小组活动后一位家长说（廊坊）：

> 你们这个活动做的，让我感觉就是说，确实挺好，真的。对于我们的关爱，社会上的关爱，大家都需要这个。你们这么做了，还感染了我们，我们以后也可能这么做。

社区活动中一位家长说（南京）：

> 学生暑假了，没想到 8 月份你们还在，这一次本来说要来我们家家访，以为就是说着玩玩，结果没想到真的来了，说心里话真是很感动，感谢你们的关心。

上述资料的呈现及分析表明，一项社会政策或福利项目要想获得好的实施效果以达到理想的目标，首要的条件是要保证福利资源的丰沛。这种福利资源的丰沛不仅仅表现为数量的充足，还表现为资源的多样性，以满足服务对象多样化的需求。"重生行动"项目采取政府和社会合作的形式以保障筹资渠道的多元性，加之项目参与各方发挥各自优势为服务对象提供全方位的、优质的服务，避免了有些社会政策或服务项目福利资源与社会需求不匹配、服务提供与对象需求不对接的弊端，大大提高了社会政策对象的福利可获得性。

（二）服务对象知晓信息的途径与强度

影响福利服务可获得性的因素，除了服务的存在状态与福利资源的丰歉之外，还有一个重要因素是服务需求者对于该项福利的认知，即有需要的人是否知道福利服务的存在及如何利用信息，如果他们不了解这些信息，也就谈不上利用和主动获得（王思斌，2009）。

为了让农村贫困家庭的成员得到"重生行动"项目的相关信息，项目发起与组织者和项目的其他参与方十分重视对于服务项目的宣传，尽可能让服务对象知晓和利用"重生行动"项目的服务。

"重生行动"项目办公室下发的《项目落实方案的通知》（民福事字〔2008〕21号）提出：

> 做好基层宣传工作，是当前实施"重生行动"的一项重要任务。启动仪式结束后，全国性的媒体对"重生行动"进行了报道，民政部设立了专门的网站进行宣传，项目办公室印制各种宣传品将发送至省级民政部门。各省民政部门要加强对基层民政部门的宣传力度，特别是一些偏远山区、贫困地区，要及时将各种宣传品发放到位并选择人口比较集中的地方进行张贴，确实使更多的人了解这项活动，使贫困家庭在活动中受益。

各级民政部门也在各自制定的项目实施方案中反复强调做好宣传工作以提高服务对象知晓度的重要意义。例如：

上海市民政局《关于落实民政部"重生行动——全国贫困家庭唇腭裂儿童手术康复计划"的通知》（沪民福发〔2008〕17号）中强调：

> "重生行动"是一项惠及弱势群体的民生工程，各级民政部门在实施过程中，要充分利用多种宣传途径，积极宣传"重生行动"的重要意义和在实施过程中的感人事迹，让"重生行动"为广大群众所知晓，营造一个全社会关爱贫困儿童的良好氛围。

重庆市民政局《关于继续做好"重生行动——全国贫困家庭唇腭裂儿童手术康复计划"工作的通知》强调：

> "重生行动"是民政部门践行科学发展观，体现"以人为本"

的重要举措。各地要高度重视此项工作,充分利用新闻媒体加大宣传力度,配合活动的实施,积极宣传活动的意义,将受助条件、资助标准、资助范围、申请程序等向社会公布,使全社会家喻户晓。

为了达成"使更多的人了解这项活动、使贫困家庭在活动中受益"的目标,在"重生行动"第一期服务活动期间,项目办公室共印制了85000份宣传海报,通过基层民政部门和定点医院向社会广泛宣传"重生行动"的意义和资助模式。为保证公众及时了解项目的进展情况,项目办公室在启动仪式结束后即开通了"重生行动"项目网站,随时公布工作动态。项目办公室还编写了《工作简报》,通过网络在北京主要高校及各大网站论坛发布《"重生行动"义工倡议书》,倡导大学生利用暑假义务宣传项目和服务"重生行动"患者。

通过上述措施,"重生行动"项目提高了社会民众尤其是农村唇腭裂患者家庭对于服务信息的知晓度。从我们开展社区服务时所做的访谈资料可见,患者及其家人知晓"重生行动"项目信息的途径十分多元。其中,医院和民政部门的宣传以及亲朋好友的口口相传是最重要的信息途径,此外,网站、报纸和电视等传媒也发挥了重要的信息传播作用。根据465份医院回访问卷的统计数据得知,接受"重生行动"项目资助的唇腭裂患者及其家人,知晓"重生行动"项目信息的途径的排序如下:医院(32.5%)、民政部门(29.6%)、亲戚朋友(20.8%)、其他(6.6%)、网站(6.4%)、电视(3.1%)、报纸(1.1%)。

对于患者及其家人的访谈资料也反映了他们获得信息的多样性途径。

> 我家经济情况不太好,娃他爸就问他姐咋办,他姐上网查了一下,就看到这个"重生行动",然后就给四医大打电话问,就来了。(x01)

> 娃他爷爷在电视上看到了"重生行动",就是陕西电视台,我们就申请这个(指重生)了。(x12)

> 他爸通过朋友打听到"重生行动"这个国家政策,所以我们

就马上申请，过来西安为孩子进行治疗了。（x16）

生孩子的医院医生告诉我们这种病还有免费的手术治疗，我们当时听了像是黑暗里的一处灯光，心里头看到了一些希望。（h06）

小孩子出生后我们为了医治这个孩子找过好多医院，但医药费用太贵了，没有办法只好回家待着。后来听民政局的人说这病能医治，而且是不要钱的，我们就赶紧去办理了相关的手续，现在手术动完后感觉好多了。（h09）

与有些医疗救助社会政策实施部门坐等需求者自己上门申请求助的被动式政策执行行为相比较，"重生行动"项目执行的特色之一就是参与各方利用各种媒体积极宣传，并主动上门筛查和组织送医，使地处偏远农村山区、相对信息闭塞的患者及其家人都能及时了解服务信息，从而提高了对于福利的获得。

（三）政策主体的目标端正与相互契合

一项好的社会政策或服务项目的出台，并不等于这一社会政策或项目的目标对象群体一定会受益。除了福利资源的丰歉、服务对象的信息获得会影响服务政策或项目的效果之外，政策主体制定和实施社会政策或服务项目时的目标是否端正，以及不同主体间的目标是否相互契合，也是影响政策或项目效果的重要因素。故而吉尔伯特将"不负责任"与"分割性""不连续性"和"不可获得性"并列为社会福利输送系统的四大负面影响因素加以论述。

在这里，"不负责任"是指福利提供者的态度和行为，然而在态度和行为的背后，乃是社会政策或服务项目参与者的参与目的和动机。

社会政策或服务项目过程是一个为解决问题而采取行动的过程，其行动的主体是指发起或参与这一行动过程的行动者。从另一个角度看，社会政策或服务项目的实施是由"提供服务"和"接受服务"两个方面构成的行动过程，其中提供服务一方的行动者即为社会政策行动或服务项目实施的主体，而接受服务一方为社会政策或服务项目行动的对象。在当今社会，社会政策行动一般是由政府组织的公共性的社会行动，政府是社会政策行动主体中最主要的部分。但在现实的社会政策实践中，政府需要广泛动员社会中的各类组织和个人参与社会政策行动。因此，社会政策行动的主体还包括社会中各种各样的组织、群体和个人（关信平，2004）。

"重生行动"是一项由多个主体参与的医疗救助性质的福利服务项目，其中项目的发起者和组织者，一方是作为国家政府部门的民政部社会福利与社会事务司，另一方是作为境外非政府组织的李嘉诚基金会，此外还有作为医疗机构的全国33家定点医院，以及作为教育机构的全国15所高校。可以说，"重生行动"是一项由多元主体合作开展的公益性医疗救助活动。这样一个多主体参与的活动之所以能够顺利实施并取得丰硕成果，能够成为一个对于服务对象而言明显获益的活动，从社会政策或服务项目主体的角度看，其原因在于以下几点。

1. 项目发起与组织者对于正确服务目标的坚持

在计划经济年代里，社会福利服务的资源比较少，且主要集中在政府部门手中，福利输送的渠道和途径比较单一，主要通过政府部门或政府举办的福利事业单位来发放，社会其他组织、群体和个人很少参与。进入20世纪80年代以后，随着"社会福利社会化"改革的深入，社会福利服务完全由政府买单而不必由社会公众承担经济责任的局面被打破，社会福利由单一财政责任主体向政府、企业和个人多责任主体转变。但是，在世界性的社会公共福利"市场化""私营化"潮流影响下，中国的一些公共福利事业（如教育、医疗等）被过分推向市场，因而出现了诸如入托难、上学难、看病难、看病贵等社会问题（王思斌，2011），社会民众尤其是社会弱势人群陷入社会福利"弱获得性"困境。

在新的一轮社会保障制度改革中，政府推动的诸如"城乡最低生活保障制度"、"新农村合作医疗制度"、贫困人群"医疗救助政策"、"城乡社区服务体系"等社会政策的改革与完善，为社会弱势人群营造了一个相对安全的生活环境，在一定程度上扭转了上述问题造成的社会困扰。但是，在有些社会福利政策或服务项目的实施过程中，由于政策主体或实施部门从本部门的利益出发而不是从服务对象的需求出发，看重"数量""指标"和"硬件设施"等能够体现"政绩"的目标达成，仅凭主观臆想设计和推展项目，加之工作人员主动性、责任心不足，使得社会政策或服务项目的结果与改革的目标发生很大偏离。

"重生行动"项目设计与实施中,项目的发起者与组织者始终如一地坚持正确的服务目标,使得项目实施的结果与项目启动时的初衷始终保持一致。

作为"重生行动"项目两个发起和组织方之一的民政部门,对于此项目"关注民生""以人为本"的出发点始终予以高度重视与强调。

> 各级民政部门要充分认识这项工作的重要意义,高度重视,把这项工作作为民政部门贯彻党中央、国务院高度关注民生、建立和完善社会救助体系、保障和改善民生的重要举措来抓。[摘自《重生行动项目办公室下发项目落实方案的通知》(民福事字〔2008〕21号)]

> 项目承办医院对个别自行到医院的患者,特别是对偏远贫困地区的患者,本着以人为本、特事特办的原则,可凭县级民政部门的贫困证明,先行接收患者入院治疗并填写《资助申请审批表》,同时补报相关手续,并通知省级民政部门进行审批。[摘自民政部社会福利与社会事务司下发《关于做好"重生行动"项目患者手术安排的通知》(民福事字〔2008〕27号)]

作为"重生行动"项目发起和组织另一方的李嘉诚基金会,最看重的也是患者及其家庭的需求满足而非自身机构的声望和影响。如CY女士所言:

> 第一呢,基金会自然是想能够帮助需要的人,第二,希望通过我们项目的捐赠,能够建立一种模型、基准,这个基准是可以被复制的。所以我们用超过半年时间去调研,怎么找病人,找到病人要怎么到医院来,路程是怎么走。是一切以病人为中心的思路。还有一些特殊的病人比如说异地打工的,不可能回到家乡去遴选,那么当地民政确认的机制,这些也要考虑到,也就出现了后面的调整。基金会强调基准,不论在哪个医院都是基准化的模式,不会因为医院的不同而不同。比如说遇到很多的异地打工的情况,有些医院为了不让这些人再回到家里去,就在医院先做了,然后再来申报。但是这样一开始是违反规定的,医院不应该有资

格去认证。后来还是以人为本,把第一关交给医院来做,我们相信医院的专业性和判断,然后再返回做文件一类的东西。所以基本上这种调整,一个是以病人为本,第二个是相信医院的专业性,第三个是采用补上的办法,有些东西是后来可以补的。

2. 项目参与各方目标、立场和利益的相互契合

"重生行动"强调"生理—心理—社会"三位一体的治疗理念,不仅要对患者提供生理上的治疗,还要为患者及其家庭提供社会工作与心理学专业方面的医疗救助项目。参与项目的不仅包括作为发起和组织方的民政部和李嘉诚基金会,还有作为遴选审核患者的各级民政部门、作为医疗机构的全国33家定点医院,以及作为教育机构的全国15所高校。这样一个由多方参与的服务项目,其目标、立场和利益的相互契合是十分重要的。

在以往的医疗制度改革中,由于把公共医疗卫生服务过分地推向市场,使得许多医疗机构追逐利益、追逐金钱,忘记了自身的使命,也招致社会和民众的质疑和诟病。"重生行动"项目作为公益慈善性的医疗救助活动,显然不能允许这样的动机和行为。但是,将全国33家最好的医疗机构选为"重生行动"项目的定点医疗机构,目的是让贫困家庭的唇腭裂患者得到最好的医疗服务,而不是让这些医院不计报酬地为患者提供无偿的医疗服务。如果一味地强调"重生行动"的慈善性质而不顾医疗机构的经济利益,挫伤医院积极性之后受损失最大的肯定是患者的利益,"重生行动"项目的目标也会因此而偏离。从这样的思路出发,"重生行动"项目的发起和组织方充分考虑和照顾到了定点医疗机构的利益。当然,利益不仅只是经济方面的收益,还包括医院的社会形象以及未来的发展等。

医院业务范围的扩大、能力的提高,以及规范化医疗救助模式的形成,反过来对于"重生行动"项目发起和组织者来说,也是自身机构使命和目标的达成与实现。如CY女士所说:

> 我们给提供培训。我们真的是帮它创造了唇腭裂医疗治疗系列的业务,也帮助它提高了水平,我们目的不是培养中国唇腭裂医疗的能力,而是希望我们的项目为病人提供最好的服务。以后

没有项目，它也会继续（把语训）做下去，这就是项目示范的地方了。所以说为什么项目会有退出机制，一个好的项目是希望做到项目不在也可以继续做下去。

这个基准是可以复制的。我们很高兴用四年时间完成这样一个基准，完成一个全方位一体化的唇腭裂医疗公益模式。哪怕是到另一家医院，我们的手册、我们理念的认同都是可复制的，这就是我们认为最成功的模式。

对于"重生行动"项目发起和组织方的上述设想与安排，定点医疗机构是十分认同与配合的。定点医疗机构在整个项目实施过程中所得甚多、收益颇丰。一来，"重生行动"项目的公益品牌使得医疗机构在社会上赢得了赞许和认可，医护人员以自身的技能服务社会弱势人群的慈善情怀有了展示的平台；二来，在项目实施过程中，医疗机构借助项目组织者的推动以及外来资源的帮助，实现了在技术、能力和业务拓展方面的提升与跨越，有可能使得单纯生物治疗的医学模式向生物—心理—社会一体化的现代医学模式转变；三来，在项目实施过程中，定点医疗机构的声望提高、就医病人数量增多、经济收益也相应增加。

以下摘录的"重生行动"项目几位医疗专家组成员的个人感言和访谈记录，能够生动反映项目定点医疗机构的收获。

四川大学华西口腔医院副院长 SB 教授说：

2008 年早春的一天，我接到"重生行动"领导小组成员——李嘉诚基金会代表 LYG 教授打来的电话。虽然我们素未谋面，但我在话语中已感受到他那浓浓的慈善情节，我们很快就有了共同努力的目标。能够以一己之长，服务贫困的唇腭裂患儿，这既是对患儿的帮助，也是人生自我价值最好的体现，是一项双赢的事业。

第四军医大学口腔医学院颌面整形美容外科主任 FXH 教授说：

作为一名治疗唇腭裂的专科医生，我从大学时代开始就已经关注唇腭裂这个社会弱势群体。有机会在这个高水平的慈善救助平台上为我国，特别是西部地区的贫困家庭唇腭裂孩子扎扎实实地做些实事，感到无上光荣和责任重大。我们医院地处西北，贫困人口相对集中，"重生行动"的开展为这里的人们带来了福音，也将给孩子们带来崭新的人生。他们脸上重新焕发出的灿烂笑容就是对我们工作的最高奖赏！

首都医科大学附属北京口腔医院CEJ教授说：

我跟同行或者做公益的人士交流过，他们说这个（指"重生行动"项目）太完美了，想得太周到了。所以"重生"质量高、服务到位，这样一下子把公益的形象做得很有品位。开展期间，到我们这儿的病人一下子就多起来了。

中国社会工作教育协会及其所属专业院校是在"重生行动"项目实施过程中加入项目服务团队的。在我国，医务社会工作还不是一个被社会广泛认知和认同的社会职业，社会工作专业院校师生参与"重生行动"项目，是以志愿者的身份提供心理与社会康复服务的。社会工作专业价值观与"重生行动"的目标高度一致，它的加入对于完善现代医学模式和提升"重生行动"项目服务水平起到了促进作用。如李嘉诚基金会代表LYG教授在2012年6月4日"重生行动——社会心理支持服务计划"第二期服务启动仪式上所讲：

"重生行动"的发展已经由强调医疗的高水平标准扩展到关注心理健康领域，强调生理功能的恢复和社会心理的健康相辅相成。正如李嘉诚先生曾提出要"缝补心灵的裂痕"，认为这个病虽然不足以致命，但对于心灵的伤害与幼体的冲击会让患者更加难受，让他们失去尊严和自信。因此，项目致力于从手术治疗到心理支持的多元延伸，从医疗系统到专业社工的跨界合作，从单一救助到"医疗—心理—社会"综合救助模式的创新探索，力求通过全方位的支持为万千唇腭裂患儿带来切身利益，使他们融入社会，释放生命的潜能。

在"重生行动"项目参与者中，社会工作专业团队以志愿者的身份加入并提供服务，并不是丝毫无所求无所得，"重生行动"项目作为一个全国性的医疗救助项目，它所提供的实践机会，为社会工作专业团队的成长与发展提供了极其广阔的平台。在项目实施过程中，社会工作专业团队也是所得甚多，收益颇丰。一来，社会工作专业师生有了将课堂习得的价值理念和理论知识用于实践的机会，有利于培养德知行合一的专业素养；二来，社会工作专业师生有了向社会和服务对象展示专业功效的机会，有利于提高专业的社会认知和认同度；三来，有了与医护人员合作共事的机会，有利于推动医务社会工作职业化发展。如"重生行动——社会心理支持服务计划"制订时所提出的服务目标所列：

  第一，帮助唇腭裂儿童及其家长舒缓因病导致的心理压力，增加抗逆力，适应社会生活；第二，促进无歧视的社会氛围，帮助建立唇腭裂儿童及其家长的社会支持网络，促进唇腭裂儿童健康成长；第三，形成对于唇腭裂儿童社会工作专业服务的介入模式，以推广促进相关领域医务社会工作的制度建设；第四，提供社会工作专业师生介入社会服务的实践机会，培养具有社会责任及动手能力的优秀社会工作人才，促进社会工作专业教育发展，促进医务社会工作专业人才队伍的建立和发展。（摘自2012年《唇腭裂儿童社会康复示范项目总结》）

社会工作服务项目山东地区负责人、山东大学ZHY副教授说：

  这个模式在国外已经有经验了，医生、护士、心理医生、社工四驾马车服务于病患。从政策角度来说这个项目的经验，对于医院就是设立医务社工，从救助项目角度来讲，制定项目时就应该考虑配套社工。

因为在目标和利益上的契合性，所以社会工作团队开展工作，得到民政和医疗部门的认同和大力协助。社会工作服务项目湖北地区负责人、华中师范大学YSY教授说：

项目执行过程中怎么做,他们(指地方民政部门人员)做得也很好。我们找到他,他们说这个本来就是他们应该做的。社区行的时候,他们就说你选点,直接到那去,我跟当地民政部门打招呼。直接给了我们当地负责人的联系方式,直接联系,非常高效。

我们利用一个契机,很好地宣传了医院的社会形象。当地社会工作试点时,邀请社工委负责人来医院观摩我们的活动,医院领导很爽快地答应了,并且还表示要亲自讲话,他们就感觉很高兴。这提升了他们对项目、对社工的认识。现在医院本身也想建立一个心理门诊。

为唇腭裂手术治疗提供辅助的社会心理干预,有助于产生更好的治疗效果。在唇腭裂治疗上,医院原来偏重于生理层面的修复,对患者心理和社会功能的恢复较为忽视。通过多次约见医院领导、邀请医护人员及语音治疗师参与活动、随医护人员下乡回访等方式,医院对唇腭裂患儿及其家属有了更深入的了解,也发现医务社会工作的价值与作用,即能够提升治疗效果。医护人员的宣教能力在这个过程中也得到了一定程度的锻炼。一位护士长(贵州)说:

从来没有像你们这样的一个团队来这里,我感受到你们的热情,你们给那些家长和孩子带来了希望,给医院也带来了欢乐的气氛,参加过你们活动的家长很多都没有以前那么忧心忡忡了。

一位医护人员(西安)说:

你们的活动使我明白,生理缺陷的克服是容易的,心理的恢复能够影响人的一生。

(四)设施布局具有便利性和强可及性

在"政绩至上"的政策实施目标指引下,我国有些社会政策或服务项目不是从服务对象的实际需要出发,而是从政策主体部门及人员的主观臆想出发来推进服务设施的建设与布局，以至于服务设施与服务对象之间存在重重阻隔，服务对象不方便使用服务设施，服务设施对于服务对象而言呈现出弱可及性的特点。如王思斌教授在《我国城市社区福利服务的弱可获得性及其发展》一文中所揭示的：由于设施或制度设计，需要者无法或难以接近、触及和得到他所需要的服务。这里所说的设施或制度设计的原因，主要表现在服务设施的短缺、活动空间的非可及性，以及社会福利设施的展示化（王思斌，2009）。

与上述情况不同，"重生行动"在项目设计和实施过程中，处处从服务对象的需要而不是从组织者的主观臆想出发，在服务对象对服务设施的可及性和便利性方面下了一定的功夫。

在主要为农村贫困家庭患者提供的医疗救助服务项目中，在服务设施的布点上，可以有两种选择思路和原则：一种是就近原则，即选择一些离患者较近的农村基层医疗卫生机构作为服务提供场所，如县乡级的卫生院等，这样的设施布点的好处在于离患者较近，便于患者就医和治疗。但是在医疗卫生资源主要向大城市卫生机构投放、配置不合理的格局下，农村基层医疗机构的设施、设备及人员的水平相对较低，能够为患者提供的医疗服务的质量也相对较差；另一种是质量原则，即选择一些设施、设备及人员水平相对较高的大城市中的专门性或综合性医院作为定点医疗服务机构，这样的设施布点的问题在于患者到医院求医的距离相对较远，但是能够得到的服务的水平相对较高。

"重生行动"项目发起和组织方在权衡两种方案的利弊得失后，决定选择后一种方案，即选择全国大城市中的33家三甲医院作为项目的定点医疗机构，其出发点就是为患者提供最好的医疗服务。

这样的选择带来的问题是，大城市医院与农村家庭患者之间的距离问题如何解决，即服务设施布局相对于患者的弱可及性障碍如何克服。如一位患者家长所言：

> 娃一岁以前，我们就想申请（一个）基金会的帮助，把表格都填好了，资料也备齐了，人家说要做手术得到北京或者天津去，那太远了，我们觉得太不方便，就没去。（x12）

在交通运输工具相对比较发达的现代社会中，服务设施与服务对象之间的距离其实并不一定是造成福利获得的障碍，若能提供两者之间的交通运输工具，即便是离患者较远的省城或是首都的医院，对于患者而言也是唾手可得；而如果不能提供两者之间的交通运输工具，即便是离患者较近的县乡医院，对于有些家境贫困的患者来说也显得遥不可及。

如前面问卷统计资料所显示的，"重生行动"项目所资助的唇腭裂患儿的父母中，89.49%为农业户籍，69.01%从事农耕职业，初中及以下教育程度者占到80%，这样的境况表明，绝大多数家庭是无法承担唇腭裂疾患长期的序列治疗和康复费用的。针对此种现实，"重生行动"相关文件规定，"重生行动"负责全额支付资助对象在项目承办医疗单位接受医治的费用。具体包括：①相关检查费用；②手术治疗费用；③康复指导费用。项目承办医疗单位并补助资助对象及一名陪护人员的食宿、交通费用。对于经检查确定不具备手术条件的资助对象，其检查费用、往返医院期间的交通食宿费用（含一名陪护人员），亦由项目承办医疗单位支付（《上海市民政局关于落实民政部"重生行动——全国贫困家庭唇腭裂儿童手术康复计划"的通知》沪民福发〔2008〕17号）。

"重生行动"项目与其他类似的公益性服务项目的不同之处在于，在为唇腭裂患者提供免费医治的同时，还为患者及其一名陪护者提供往返交通费及就医期间的食宿费用，这样的措施就使设施布点带来的距离问题迎刃而解了，低可及性的设施布局反而变成了强可及性的设施布局。

首都医科大学附属北京口腔医院 CEJ 教授对于这样的措施赞赏有加。

> 首先保证了手术质量和效果，后来扩展到每个省一家医院，这是第一个优点；第二个优点是对病人的资助，不是单纯的手术方面，不像其他项目只报销在医院的治疗费用，"重生行动"对医疗方面的资助是足够的，还有就是它负责病人及一个家属的吃、住、行，交通、饮食、住宿费用全部报销，完全解决了病人的后顾之忧，可以说病人自出门到回家没有花一分钱，就解决了所有

问题。

一位唇腭裂患儿的母亲说：

> 这次能碰上"重生行动"，可能是我们的运气好，像以前得这个病的小孩，他们都没有机会接受这个优惠的政策，所以我们已经很感谢国家、感谢医院还有你们了，我老公昨晚还跟我感慨，长这么大从未享受过这么好的国家政策。（x16）

根据2012年社会心理团队在进行社区服务时所做的230份回访性问卷的资料统计显示，唇腭裂患儿家长认为在治疗中得到帮助最大的事项的排序为：第一，免费手术（87.2%）；并列第二，免费体检和社会心理支持（27.0%）；第三，报销交通住宿（22.1%）；第四，语音治疗（12.8%）；第五，资料手册（6.2%）。这说明费用方面的资助对于农村贫困家庭而言，是十分需要的。在不同的治疗和功能康复中，患儿家长最看重的还是生理方面的治疗；在不同类型的资助中，患儿家长最需要的还是经济方面的资助。"报销交通住宿"选项得到1/5以上的家长的肯定，这说明"重生行动"项目的这一项措施确实大大增加了服务项目的可及性以及福利的可获得性。

（五）政策执行因应情势变化及时调整

为了体现社会的公平和服务的标准化要求，任何福利服务的项目尤其是社会政策都必须按照政策文本或项目方案确定受益人资格、资助标准、审核程序、救助内容等原则和办法，并予以规范实施。但是一个涉及全国性范围以及众多服务对象的福利项目或社会政策，不可能在一开始就制定得十全十美、毫无瑕疵。随着时间的推移、情势的变化以及实施主体对于客观情况了解的深入，及时调整服务方案或政策内容也是必须的和常见的现象，其目的是最大限度地满足服务对象的合理需求。

"重生行动"项目在执行过程中进行过几次方案调整，调整的结果是提高了项目的服务水平，以及患者及其家人的福利获得的便利性。

调整之一是有关患者家庭受助资格的审核程序。2008年3月民政部颁发《"重生行动——全国贫困家庭唇腭裂儿童手术康复计划"实施方案》（民函〔2008〕91号）。方案确定"重生行动"实施的基本程序为：①贫困家庭向县级民政部门自愿提出申请，填写资助申请表；②省级民政部门审核汇总后，按月上报"重生行动"项目办公室审批；③省级民政部门根据"重生行动"项目办公室的批复，商定项目承办医疗单位，确定手术批次；④县级民政部门按手术批次组织资助对象手术；⑤手术完成后，项目承办医疗单位填写手术康复申报表，并经过省级民政部门上报"重生行动"项目办公室审核。在特殊情况下，贫困家庭通过项目承办医疗单位和项目网站向"重生行动"项目办公室提出申请，参照上述程序办理。按照上述规定，无论是向县级民政部门提出的申请，还是通过项目承办医疗单位或网站向"重生行动"项目办公室提出的申请，都要经过由县级，到省级，再到国家级民政部门逐级审核的程序获得资格认定和医疗资助。但是在执行过程中，项目办公室发现大量患者及家人是通过项目承办医疗单位获得项目信息的，他（她）们提出申请时，人已经身在医院，给患儿及时手术医治的心情迫切，加之往返交通的费时费钱，患者及其家人都不希望完全按照原方案规定的程序经过逐级审核再获得资助和治疗。根据对以上情况的深入了解，"重生行动"项目办公室在2008年6月4日下发的《关于做好"重生行动"项目患者手术安排的通知》（民福事字〔2008〕27号）中做出调整：项目承办医院对个别自行到医院的患者，特别是对偏远贫困地区的患者，本着以人为本、特事特办的原则，可凭县级民政部门的贫困证明，先行接收患者入院治疗并填写《资助申请审批表》，同时补报相关手续，并通知省级民政部门进行审批。《通知》还要求民政部门和项目承办医院要密切联系，加强沟通，在认真贯彻《实施方案》工作程序的同时，按照便民、利民的原则，减少不必要的重复环节，保证项目工作顺利开展。

上述程序方面的调整，使患者尤其是边远地区贫困家庭的患者得到及时的治疗和康复。如CRJ医生所言：

有这样的情况，主要是有的病人来了以后，他看见了重生想办重生，从甘肃、宁夏过来，很远，跑一趟不容易，后来我说你们先住下来,"证明"什么的用快件递过来,政府机构向社会有交代,必须有完整的程序,后来我跟民政部W主任那边也商量,先做也可以。

根据465份医院回访问卷的统计数据得知,从项目承办医疗单位得到信息和提出申请并得到资助的患者人数比例(32.5%),竟然超过从民政部门得到信息和提出申请并得到资助的患者人数比例(29.6%),而排在信息获得渠道的第一位,这说明项目办公室的这一方案调整是非常契合服务对象需要的。

调整之二是有关资助患者的年龄规定。因为"重生行动"项目是全国范围的资助贫困家庭唇腭裂儿童的手术康复计划,所以2008年3月民政部颁发《"重生行动—全国贫困家庭唇腭裂儿童手术康复计划"实施方案》(民函〔2008〕91号)规定,"重生行动"的主要资助对象是贫困家庭和分散供养的五保对象中患有唇腭裂及相关畸形、年龄在0至18周岁的未成年人。《实施方案》也提到,对于贫困家庭中符合救助条件的成年人也可酌情考虑。

在项目实施过程中,有些项目承办医疗单位发现,在前来求医的患者中,年龄超过18周岁的成年人不是个别情况,在请示项目办公室同意后,也将这部分患者的救治纳入了项目范围。如CRJ医生所言:

> 年龄最早是0到18岁,这个是民政部要求患儿,儿童嘛,这样的病人需要帮助。执行过程中,我们发现好多超过18岁的病人,唇腭裂原发性的还没做过手术,为什么呢?就是没钱,这种你说需不需要帮助呢?按照民政部的规定只能是0到18岁。后来就说,特殊情况,特别贫困的,可以考虑进行资助,但换句话说,这部分量不太大,在北京是这样。估计在云南、湖南啊等西部偏僻贫困地区,交通不便、经济不好,这种情况会多一些。但是不管怎么讲,这一部分覆盖了还是很好的事情,真正那部分还是需要帮助的,这么大还不做手术,肯定是跟钱有关系。

调整之三是对患者获得医疗救助的次数的规定。在"重生行动"项目办公室发布的有关项目实施的最初文件中,虽然没有有关贫困家庭唇腭裂患者获得医疗资助的次数的规定，但是从 2008 年至 2010 年的项目第一期计划中，受到资助、接受项目承办医疗单位治疗的都只是首次接受手术医治者。然而，由于唇腭裂是一种系列的、立体的畸形和障碍，众多的问题都需要妥善解决，因此需要 10 多个学科的参与，进行长期的、有序的、系统的治疗才能达到目的。因此，许多患者不是通过一次手术而是需要通过实施系列性的多次治疗才能解决所有问题。

针对这样的患者需求，"重生行动"项目办公室尊重医学专家的意见，在由项目专家组成员商定了标准规范后，从 2011 年年中，开启了"重生行动"的二期资助计划，使得许多需要二次甚至多次手术治疗的患者得到了资助。CRJ 医生在访谈时回忆道：

> 我们不救助他，就违背了唇腭裂救助的初衷。我们就建议做二期，二期不做对病人影响很大，而且二期的手术量不小。有的唇裂，难免有小的畸形，有的是必须要做第二次的情况，你说这种情况不资助，他依然是唇腭裂。这样一建议，基金会那边就同意了，放开了。

调整之四是有关免费提供的服务内容。"重生行动"项目启动之初，确定的免费资助的服务只是患者的手术治疗一项，内容包括免费体检、免费手术以及患者与一名陪护者的交通食宿费用。随着对于现代医学模式含义及患者需求的理解和了解的深入，"重生行动"向患者及其家人提供的服务也日益多元和丰富，增加的服务包括语音训练和社会心理支持等（此方面内容已经在前面有所阐述，不再赘述）。

总之，"重生行动"项目一切"以人为本""以患者为重"，既制定并严格遵循规范，又不拘泥于规程，按照服务对象的需求适时调整，改变项目的受益人资格、资助标准、审核程序和救助内容。正因为如此，"重生行动"才赢得了患者家庭及社会的广泛赞誉，才为其他类似的社会救助政策或服务项目留下宝贵的经验与模式。如李嘉诚基金会 CY 女士所言：

我们很高兴用四年时间完成这样一个基准，完成一个全方位一体化的唇腭裂医疗公益模式。哪怕是到另一家医院，我们的手册、我们的理念都是可复制的，这就是我们认为最成功的模式。

五 研究结论与讨论

（一）研究结论

在科学发展观指引下，各级政府的政策目标从关注经济发展速度转变为更加关注民生，我国国民尤其是疾病患者及其家人的生活境况将有望得到大的改善。

然而，我国政策运行的历史经验表明，一个好的社会福利政策的制定颁布，并不必然会带来政策对象群体实质性的福利获得。在政策运行过程中的种种因素影响下，政策结果往往与政策目标发生或多或少的偏离。要使"以人为本""关注民生"的目标落到实处，除了制定好的社会福利政策之外，还须在政策运行过程中克服种种导致福利政策目标走样的因素影响，使好的社会福利政策化作好的社会福利政策措施，从而获得好的社会福利政策结果。

实际上，福利可获得性有多种形态，其理想型有强弱之分。本文借用王思斌关于福利"弱可获得性"的论述，提出福利"强可获得性"的概念，通过对"重生行动"的分析，来归纳福利"强可获得性"的特征，从而为增强类似的医疗救助型社会政策的执行及目标实现提供借鉴。

从上述资料呈现及分析可见，一项体现为福利"强可获得性"的医疗救助社会政策，具有以下几个方面的条件。

第一，一项面向全国的医疗救助政策的推行，服务存在状态与福利资源的丰裕程度和质量状况是基础性的影响因素。好的社会政策必须有足够的资金投入作保障。在资金投入方面，政府是责任主体，社会捐资是重要补充。除了充足的资金之外，还必须选择具有优良资质的医疗机构提供医疗服务，使服务对象能够获得优质的医疗服务。在提供生理性医疗救助服务的同时，还须形成多学科专业合作团队，为服务对象提供生理—心理—社会三位一体的专业服务，使救助对象得到全方位的医治与康复。

第二，由于这是一项主要为农村边缘地区贫困家庭提供的医疗救助政策，所以，必须针对救助对象文化程度低、社会交往窄、信息获得渠道少等特点，利用各种媒介和途径，加大对该项政策的宣传，并利用政府和民间组织的社会网络，采取主动筛查和组织手术治疗的方式，提高需求者对于服务的信息知晓度和使用度。

第三，一项涉及多部门、多专业合作的医疗救助政策的实施，政策主体的目标端正与相互契合也是重要的影响因素。作为政策或服务项目的发起与组织者，首先必须坚持正确的服务目标，保证政策过程与政策启动时的初衷始终一致。在保证服务对象利益至上的前提下，还要尽量保持政策或项目参与各方的目标、立场和利益的相互契合。

第四，一项主要面向边缘农村地区的医疗救助政策的实施，还要保证服务设施的数量充足和布局合理，且对服务对象而言具有强可及性。在政策实施的措施安排中，要充分考虑服务对象的实际能力及现实需要，帮助其克服福利获得过程中的种种障碍。

第五，一项全国性的医疗救助政策，在执行过程中，会因为地区之间、人群之间的差异，以及环境形势的变化而产生许多新的问题及需求，政策实施主体应该根据情势的变化，以及随着对服务对象需求了解的加深，适时调整政策措施以满足服务对象的各种合理需求。

根据以上分析结论，本研究形成下列医疗救助性社会政策实施过程中福利获得性影响因素路径图。

从"重生行动"顺利运行并取得明显社会效益的事实可见，这一医疗救助项目从计划文本到执行过程的每一个环节，都体现了方便唇腭裂患者及其家人获得服务的宗旨，而这样一个对于服务对象而言"强可获得性"的医疗救助项目的经验总结，可以与以往学者关于福利"弱可获得性"的描述相比较，呈现福利"强可获得性"政策实施的特征，从而为今后类似医疗救助服务政策的执行提供借鉴。

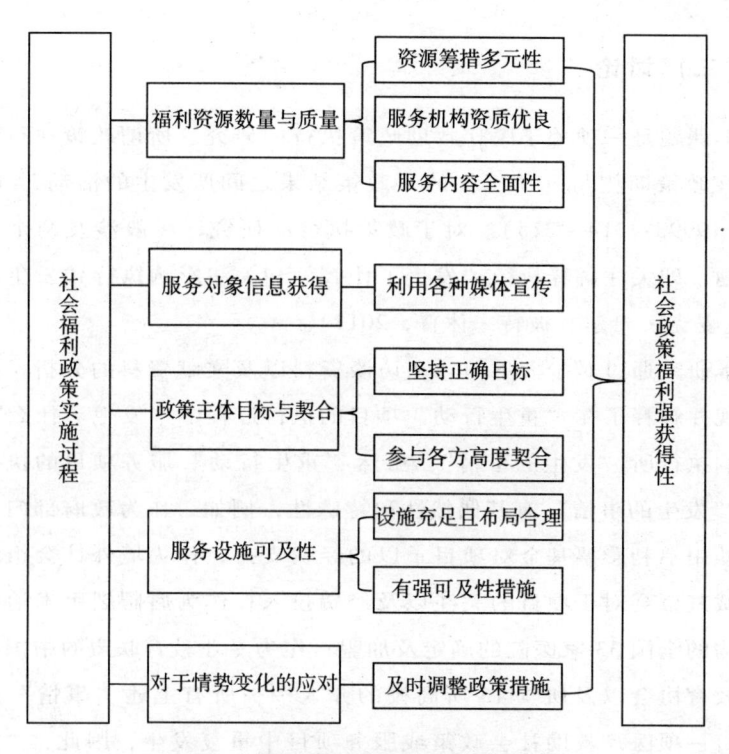

图 1 福利获得性影响因素路径图

社会福利政策实施过程：
- 福利资源数量与质量 → 资源筹措多元性；服务机构资质优良；服务内容全面性
- 服务对象信息获得 → 利用各种媒体宣传
- 政策主体目标与契合 → 坚持正确目标；参与各方高度契合
- 服务设施可及性 → 设施充足且布局合理；有强可及性措施
- 对于情势变化的应对 → 及时调整政策措施

→ 社会政策福利强获得性

表 1 福利服务强弱可获得性特征比较

	弱可获得性	强可获得性
福利资源投入力度	筹资渠道单一，仅靠政府投入而民间资源进入受阻；投入资源数量不足，难以满足服务所需；政府对社会民间组织支持不足，没有政府购买服务	筹资渠道多元，以政府为责任主体有充足的资源投入，也吸收社会民间资源介入，采用政府购买或政府与社会组织合作形式开展服务
服务对象信息获得	服务主体等人上门，需求者对服务信息知晓度低	服务主体主动宣传，需求者对服务信息知晓和利用度高
执行主体的出发点	执行部门存在利益问题而导致目标偏离，从"政绩"出发仅凭主观臆想设计和开展项目，工作人员主动性、责任心不足；参与各方立场、目标和利益相互矛盾冲突	"以人为本""以患者及其家人利益为本"，始终以满足服务对象需求为出发点，执行部门与工作人员态度与行为端正；参与各方立场、目标、利益高度契合，行为高度一致
服务设施的可及性	服务设施短缺，服务空间非可及性，服务设施非实用性	服务设施充足且方便需求者使用，服务空间可及性强
政策措施合理调整	政策执行僵硬死板，服务计划不能随需求的变化而及时调整	服务主体行为以需求者需要为本，服务计划随情势变化而及时调整

（二）讨论

本课题是一项关于医疗救助政策执行的研究。所谓政策执行，就是"在政策期望与（所感知的）政策结果之间所发生的活动"（Deleon，1999a：314-315）。对于政策执行的研究，一般涉及两个方面的问题，即关注解释执行"发生了什么"和关注影响执行"发生的事情"（麦克·希尔、彼特·休普，2011）。

本研究通过对于大量问卷和访谈资料以及文献资料的分析，向读者呈现并解释了在"重生行动"项目的执行过程中"发生了什么"以及影响执行所"发生的事情"。虽然"重生行动"服务项目的执行过程中"发生的事情"有其偶然性和特殊性，例如，作为政府部门的民政部动用福利彩票基金对项目予以的经费支持；作为境外社会组织的李嘉诚基金会对于项目的关注以及经费投入；作为唇腭裂手术治疗承担机构的全国33家医院的确定及加盟；作为专业教育联盟的中国社会工作教育协会以及所辖15所高校的介入……所有上述"事情"并不会在每一项医疗救助社会政策或服务项目中重复发生，因此，"重生行动"的经验和做法也不宜照搬到其他社会政策的执行中去。但是，本研究所总结和提炼的、在医疗救助型社会政策或服务项目执行中，影响服务目标实现并增进服务对象福利"强获得性"的五个维度的因素——资源投入、信息获得、目标端正、设施可及、措施完善，可以作为其他类似社会政策或服务项目执行的参考依据，同时也可成为类似社会政策或服务项目评估与研究的指标体系。这就是本研究的理论价值和实践意义。

参考文献

"重生行动"项目办公室（2008）：《关于做好"重生行动"项目患者手术安排的通知》（民福事字〔2008〕27号）。

"重生行动"项目办公室（2008）：《项目落实方案的通知》（民福事字〔2008〕21号）。

〔英〕麦克·希尔、〔荷〕彼特·休普著，黄建荣等译（2011）：《执行公共政策》，北京：商务印书馆。

杜红梅、周洪（2006）："唇腭裂儿童行为情绪因素的研究"，《中国儿童保健杂志》，第6期。

关信平（2004）：《社会政策概论》，北京：高等教育出版社。

郭玉兰（1992）："患者及家居的心理护理"，《第一军医大学学报》，第3期。

刘娜（2012）："我国社会政策运行机制存在的问题及其对策"，《理论学刊》，第2期。

民政部门户网站（2012年9月10日）："重生行动——全国贫困家庭唇腭裂儿童手术康复计划"。

民政部社会福利与社会事务司（2008）：《"重生行动——全国贫困家庭唇腭裂儿童手术康复计划"实施方案》（民函〔2008〕91号）。

潘令仪、王祖承（2001）："唇腭裂患儿心理行为问题的临床研究"，《中国心理卫生杂志》，第6期。

钱建强（2007）："新医改凸显公益性质与政府责任"，《农村·农业·农民（A版）》，第5期。

曲玉国（2008）："比较与借鉴：国外医疗卫生服务的合作机制"，《当代医学》，第1期。

上海市民政局（2008）：《关于落实民政部"重生行动——全国贫困家庭唇腭裂儿童手术康复计划"的通知》（沪民福发〔2008〕17号）。

四川省民政厅（2009）：《"重生行动——全国贫困家庭唇腭裂儿童手术康复计划"实施方案》。

搜狐滚动（2012年12月22日）："中国微笑行动"。

汤兰萍、叶湘玉、刘建华（1997）："唇腭裂儿童与正常儿童社会心理因素的比较研究"，《实用口腔医学杂志》，第1期。

王思斌（2009）："我国城市社区福利服务的弱可获得性及其发展"，《吉林大学社会科学学报》，第1期。

王思斌（2011）："中国社会福利的内卷化及发展——中国市场化转型中社会福利制度的变迁"，《中国社会工作研究》第八辑，北京：社会科学文献出版社。

向春玲（2006）："公益组织在新型农村合作医疗制度建设中的作用——以山东省即墨市、济宁市红十字会为例"，《中国农村观察》，5月刊。

应晓华、许可、胡善联（1999）："城市贫困人口医疗救助的模式"，《中国卫生资源》，第2卷第1期。

优酷（2012年12月6日）："嫣然天使基金五周年感恩回顾"。

云南省民政厅"重生行动"领导小组办公室（2009）：《关于调整上报重生行动患者信息的函》。

张慧中（1994）："先天性唇腭裂畸形患儿家长的心态调查"，《上海口腔医学》，第4期。

张瑛、周瑞庆、刘伟弘、顾三妹（2005）："唇腭裂患儿的心理康复"，《2004年中国口腔颌面修复重建外科学术会议论文汇编》。

郑蕾蕾（2005）："唇腭裂患者家长心理状况分析"，中国科学院上海冶金研究所材料物理与化学（专业）博士论文（2000年度）。

重庆市民政局（2009）：《关于继续做好"重生行动——全国贫困家庭唇腭裂儿童手术康复计划"工作的通知》。

周昌祥（2007）："和谐社会前景下社会福利有效传递与社会工作发展"，《广州大学学报》，第6卷第3期。

朱胜进、李崇岩、王克春（2005）："关于城市贫困人口医疗救助的思考"，《中华医院管理杂志》，第21卷第7期。

Dilsaver SC. , "Occult Mood Disorders in 104 Consecutiverly Presenting Children Referred for the Treatmental of Attention Deficit/Hyperactivity Disorder in a Community Mental Health clinic", *Jclin Psychiatry*, 2003: 64.

Gillberg C. , "Why Bother about Clumsiness? The Implications of Having Developmental Coordination Disorder", *Neural Plast*, 2003: 10.

Research on Welfare Availability in Medicaid Policy Implementation

—Through the Example of "the Reborn Action" Which Aimed at Helping the Cleft Lip and Palate Children

Bainian Shi Zhen Peng Ye Ma Xiaoyuan Dong

(China Youth University for Political Studies)

Abstract: During the medical assistance in policy implementation, good policy text does not necessarily lead to the target groups' benefiting. In this study, according to case of the program "Reborn Action-National poverty family lip cleft palate children surgery rehabilitation plans" which conducted cooperatively by the Ministry of Civil Affairs of the People's Republic of China (MCA) and Lee Ka Cheng Foundation (LKSF), we use the concept of "Welfare availability" as the theory analysis framework, from the following five aspects: the existence of the service and the welfare resources harvest or not, accesses of which the service object obtain the information, the purpose of the policy subject and its match, the service facilities are sufficient and can be available, policy measures and their adjustments with the current trends, analysis the factors of how the social policy effect service object's welfare availability, try to provide some useful experiences for the implementation of similar medical assistance of social policy.

Key words: medical assistance, policy implementation, welfare availability

企业农民工赋权式融入的困境、内涵及对策研究

——基于八家大型企业的高端访谈与深度调研[*]

云南大学公共管理学院 刘建娥

摘 要 农民工城市融入的现实困境源于公共资源分配过程中政府与市场的双重失灵，表现为社会福利政策的长期缺失。研究基于对国内相关行业八家大型企业进行的高端访谈与深度调研，发现目前企业农民工经济融入的分化加剧，正规就业的大企业农民工、精英农民工的率先融入将从根本上推进农民工整体的城市融入；劳务派遣用工政策和低水平、碎片化的社会保险政策导致社会融入停滞不前；政治融入亟待解决农民工党员就地入党、员工就地入会（工会）的制度化参与问题。在"经济融入（物质基础）—政治融入（制度保障）—社会融入（核心内容）"链式的动态融入过程中，

---

[*] 基金项目：笔者主持的国家社科基金项目"社会政策视野下农民工融入城市问题研究"（10CSH043）、教育部春晖项目"城市化进程中涉农社区的转型与融合"（S2012010）、云南省哲学社会科学规划项目"乡－城移民的社会融入研究"（QN2009014）、2012 年中共昆明市委组织部定向委托课题"加强农民工群体中党的工作研究"。

因政治融入的渠道尚未打开，政治参与权缺失导致农民工无法获得基本的福利提供，所以城市融入难以进入实质性的、关键的社会融入环节。融入规律下的倒逼机制已然催生"赋权式融入模式"，这是我国农民工融入城市社会的唯一出路。

关键词 企业农民工 经济融入 社会融入 政治融入 赋权式融入模式

一 研究问题的提出

农民工群体的诉求已开始从早年打工赚钱的经济诉求向着争取并享有平等权利的政治诉求转变。我国需要用 20 年的时间将约 3 亿农民工转变为新市民，以防止农民工跌入城市社会底层（李培林、田丰，2012），避免社会隔离的加剧及拉美国家经济发展遇到的"中等收入陷阱"（世界银行，2007；许经勇，2013[1]）。以农民工为主体的流动人口在住有所居、学有所教、病有所医、老有所养等方面依然无法拥有和流入地居民一样的平等权利。[2] 融入的现实困境源于政府与市场的双重失灵，直接表现为社会保险政策与基本社会服务的长期缺失；由城市居民的福利与机会优势引发的社会抱怨，在新生代农民工中更为强烈，这个庞大的移民群体无疑成为社会排斥的高风险群体。迄今为止，占中国人口总数 1/5 的农民工[3]，他们代表自身影响决策的能力甚为微弱，合法利益往往被忽略甚至受到侵害。如何增进城市公共资源的平等分配？亿万走出农村的农民，如何真正走进并融入城市？这些问题成为影响社会和谐与发展的重大战略问题。

---

[1] 许经勇在"户籍制度改革重在赋权和增利"一文中指出：日本、韩国等国家之所以能够顺利地从中等收入迈向高收入，重要原因就在于注意理顺城乡关系、缩小城乡差距；而拉丁美洲和东南亚的一些国家与地区因城乡差距扩大而陷入"中等收入陷阱"。

[2] "首部社会管理蓝皮书揭示中国社会五大挑战"，http://www.cnr.cn/gundong/201209/t20120915_510916844.shtml，2012 年 9 月 15 日。

[3] 据第六次全国人口普查数据，全国总人口达 13.7 亿；国家统计局发布的"2013 年全国农民工监测调查报告"显示，2013 年全国农民工总量达 26894 万人，http://www.stats.gov.cn/tjsj/zxfb/201405/t20140512_551585.html，2014 年 5 月 12 日。

关于农民工城市融入的研究，在政策倡导和平等理念的发展方面做出了有益的贡献，不过大多数研究忽视了农民工群体在城市谋生方式的多样性及就业过程中的分化，没有充分认识到融入过程的复杂性，研究往往统而概之、缺乏针对性，对政策设计与问题的解决没有根本性推动。笔者认为，农民工的融入只能分层次、分步骤地推进。那么，农民工群体中谁能够率先融入？进城农民工的就业形式包括正规就业、非正规就业（自我雇佣），83.5%的农民工为受雇就业，16.5%的农民工为自营就业（国家统计局，2014）。受雇于大企业的农民工，无论从就业能力还是从市民素养来看都具有融入的比较优势，且已徘徊在城市经济组织（用工单位）与政治组织（用工单位的党组织、工会组织）体系的边缘，所以企业农民工群体应该成为最先融入城市的群体，特别是大企业农民工率先融入城市，将为整个农民工群体的融入开辟道路。如何为企业农民工群体打开融入城市的制度渠道？他们的融入究竟面临怎样的困境？本研究基于"包容型社会政策"的理论视角，反思当下欧美国家的社会融入模式，在对八家大型企业进行深度调研的基础上，探讨我国农民工融入的概念体系与政策模式。

二 理论依据与概念界定

（一）包容型社会政策

近年来，国际社会发展策略正在从只注重 GDP 增长的目标向增进社会融合的包容型社会政策转变。包容型社会政策主张以普惠的原则来提供福利服务、增进社会融合，其政策内涵涉及经济增长、权利获得、机会平等与福利增进（张秀兰等，2007；向德平，2012；林志雄等，2010）。传统社会政策局限于保障基本物质生活，而在促进社会融合和增能方面的作用十分薄弱（林卡，2013），公民参与、社会增权与融入成为"新社会政策"的核心议题。许多国家和地区将社会融入作为衡量人类生活质量的主要指标，较高的社会融入水平已经成为人类社会发展所追求的目标之一（Taylor，2006）。社会整合涉及福利退缩后国家与民众在互动过程中产生的主要矛盾（喻月慧，2013）。融入与排斥主要取决于参与的程度（Burchardt et al.，2002）。将多数人排斥在分享经济与社会发展的成果之外，排斥在社会服务之外，必然会加剧社会不平等与不稳定（Alcock, 2006）。后工业多元化政治力量的崛起，日益成为市民社会最主要的政治挑战（Taylor-Gooby, 2013）。包容型社会政策强调共享经济发展成果，促进协调与均衡发展（世界银行增长与发展委员会，2008；向德平，2012），为中国社会政策的设计和完善提供了价值基础和行动指南。

（二）西方国家的社会融入模式

英国学者利维特斯（Levitas, 2005）提出社会融入的三种基本观点：资源再分配论（Redistributionist Discourse）、道德底层论（Moral Underclass Discourse）和社会融合论（Social Integrationist Discourse）。资源再分配论认为穷人缺钱，道德底层论将贫困归因于穷人的道德低下，而社会融合论认为穷人缺工作（Alcock, 2006）。偏左的资源再分配论强调通过再分配的结构性政策降低社会不平等程度；偏右的道德底层论认为穷人缺乏个人责任导致贫困与被排斥；第三条道路取向的社会融合论则强调通过有报酬的工作实现社会融入。西方国家社会融入的三种基本模式是否适用于分析我国农民工的城市融入问题？资源再分配论难以解释既定的社会投资不能惠及农民工的问题，例如，脱离实际的农民工培训项目浪费国家资源，受益的是培训代理机构；道德底层论最不适于分析农民工问题，数亿农民工（特别是第一代移民）坚守在城市最艰苦的一线，是极富创业、吃苦和忍耐精神的劳动者和工作伦理的践行者。欧美国家近年来普遍主张的社会融合论同样脱离我国的实际，在社会政策尚未有效运行的背景下，劳动力市场无力解决社会提供的问题，即政府与市场双重失灵，所以尽管经济因素是导致移民现象发生的主要原因（Ravenstein, 1885），但经济融入并不能带来社会融入，经济－社会－心理－身份四个融入层次不存在递进关系（李培林、田丰，2012）。经济融入历经30多年，在市场和资本对劳动力的驱动下，农民工以其自身的艰苦努力进入城市劳动力市场，但却始终没有打开政治融入的渠道，所以难以进入实质性的社会融入环节，政治参与权的缺失才是农民工城市融入问题的症结所在。

（三）国内的社会融入研究述评

国内已有的社会融入研究存在两种不同的研究取向：宏观的、广义的融入研究与微观的社会关系互动研究。社会学家涂尔干关于社会团结的研究，旨在回应欧洲农村在向城市工业社会转型过程中导致的社会分离问题（Wilson，2006），我国大多数学者沿用该传统，从广义的视角研究农民工的社会融入，例如从经济、文化、社区等维度进行社会融入指标体系研究（杨菊华，2010；刘建娥，2010a），围绕平等参与、基本福利、社会关系和发展能力进行的农民工融入政策内涵研究（国务院发展研究中心课题组，2011）。一些学者则从微观的、狭义的社会融入视角出发，聚焦于农民工与城市居民的互动关系研究，例如，强调人力资本对良性互动的影响（张学英、李薇，2013），从社会支持网络的视角研究农民工的社会融入（李树茁、任义科，2008）。已有研究偏重经济融入及就业促进，也涉及心理及社会文化方面的融入，不过一些研究存在概念界定不清、分析范式模糊的问题，特别是政治融入这一重要维度，一直没有得到充分的重视。少数研究者和领导干部甚至认为谈农民工政治融入脱离我国民主政治进程及社会发展的现实，不必操之过急。党建专家虞云耀、高永中（2011）从巩固和扩大党的执政基础的高度强调要加强农民工党建工作，以团结和带领新兴产业工人；社会学视角的实证研究表明政治资本比社会资本对农民工留城意愿的影响更大（刘茜等，2013）。如果政治融入问题得不到有效的解决，农民工不能通过制度化的政治参与渠道参与城市的管理和决策，那么事关全局的"农民工城市融入"这一重大的社会转型工程，终将因受制于制度瓶颈而难以真正实现，只能成为"水中月、镜中花"，所以政治融入是促进农民工社会融入的关键所在。

（四）概念界定与分析

本研究基于市场、政府与社会的综合维度，引入政治融入这一重要因素，并赋予社会融入应有的社会要素，提出"农民工城市融入概念体系"（见图1）：（1）从融入主体看：经济融入依托收入水平和稳定性较高的初级劳动力市场及相对次之的次级劳动力市场；政治融入的主体则主要是党政权威组织及其衍生的工、青、妇正式社会组织；而社会融入的主体不仅包括社会福利服务政策，也涉及社会互动关系。（2）从融入路径看：经济融入通过正规就业与非正规就业（自我雇佣）两种途径，正规就业是主要途径；政治融入则通过制度化参与、非制度化参与,制度化参与是本研究的重点;社会融入通过制定城乡统一的"五险一金"政策,同时要构建平等的融入文化。(3)不同的主体遵循各自的融入规则/原则:经济融入遵循自由竞争和效益优先的规则;政治融入遵循代表参与原则、组织化原则;社会融入的实质是对有限的社会资源的平等分配①,农民工社会保险政策的出台是践行公民平等的基本原则,同时个人通过工作收入缴纳的保险费也体现了贡献原则。(4)农民工融入城市的过程旨在实现平等的就业发展权、政治参与权和社会福利权,践行马歇尔倡导的三大公民权中的政治权(political rights)和社会权(social rights)②。

维度	主体		路径	规则/原则	目标
经济融入	市场	·初级劳动力市场 ·次级劳动力市场	·正规就业 ·非正规就业	·自由竞争 ·效益优先	就业发展权
政治融入	政府	·党政权威组织 ·正式社会组织	·制度化参与 ·非制度化参与	·代表参与 ·组织化	政治参与权
社会融入	社会	·社会福利服务政策 ·社会互动关系	·制定"五险一金"政策 ·构建融入文化	·公民平等 ·贡献	社会福利权

图1 农民工城市融入概念体系

三 研究方法及调研对象概况

本研究整合高校、政府、企业的研究资源,选取国内具有行业代表性的八家大型企业,从2010年开始历经3年,采取定性研究的方法收集研究资料,对调研的录音资料进行文字整理和编码。(1)焦点小组与高端访谈:在当地市委组织部的协调下,笔者带领研究组成员走访八家企业及附近社区,组织小组座谈十余次,每次人数为10～20人。小组成员包括:各大企业的党委书记、工会主席、人事部门主管、分管农民工工作的负责人、农民工及农民工党员代表;市委组织部干

---

① 关信平(2013:120)提出公共资源分配的五大基本原则:社会关照、社会补偿、平均分配、调解分配和社会贡献。
② 马歇尔(Marshall,1992:8)指出公民权包括民事权(civil rights)、政治权(political rights)、社会权(social rights)三个组成要素。

部；高校课题组研究人员。(2) 参与观察与深度调研：笔者利用暑期深入东莞裕元鞋业产区观察体验，与职工同吃同住，督导社会工作专业学生开展企业社会工作实践。通过高端访谈与扎根研究的方法，企业及政府的党政高层干部、研究专家、农民工的共同参与，检视农民工融入城市的现实处境、政治环境及社会基础，探讨促进农民工融入城市、改善企业管理与社会服务的对策。

八家大型企业的基本概况（见表1）：昆钢集团、昆铝集团是大型国有制造业的代表；云南民族村是传承云南少数民族文化的大型国有独资企业、国家5A级景区。非公有制（民营）企业的典型代表如下：中豪螺蛳湾商贸集团是浙江义乌人创建的西部招商引资重点企业和核心商贸圈；南亚风情园是经营酒店、旅游休闲业的综合大型民营企业；俊发房地产是国内房地产"百强企业"；云南白药集团是大型股份制制药企业；东莞裕元鞋业是台商独资企业的代表，该企业是台湾宝成集团

表1 调研的八家大企业概况

	代表企业	农民工数	从事工作	管理模式
公有制企业				
企业1	昆钢集团	300人（大板桥厂区）	电焊工、耙车工、装卸、后勤服务	工种管理
企业2	昆铝集团	420人	电焊工、耙车工、包装、后勤服务	工种管理
企业3	云南民族村	403人	民族文化表演、营业员、经营管理	族村式管理
非公有制企业（民营股份制企业、台商独资企业）				
企业4	制造业：云南白药集团	90人（下庄子公司）	后勤服务、车间生产、部门管理	部门管理
企业5	商业服务：中豪螺蛳湾商贸集团	3000人	商户业主、小工（销售员）、市场管理与服务	市场片区管理
企业6	旅游休闲业：南亚风情园	540人	酒店管理服务、餐饮、休闲	部门管理
企业7	建筑业：俊发房地产	700人	建筑工	项目外包班组管理
企业8	制鞋业：东莞裕元鞋业	16000人	鞋业制造、生产线管理	部门管理班组管理

旗下生产耐克等知名品牌运动鞋的上市跨国集团公司。上述八家企业的产能规模均上亿元，用工规模从千人到万人不等。企业农民工实际数应高于本表的统计数据，企业方顾虑到触及政策限制的10%用工数标准，不大愿意公开劳务派遣工（农民工）的人数，各厂区、分公司的用工统计数据不全。

四 数据资料分析：企业农民工的融入状况与问题

（一）经济融入

劳务派遣用工方式是目前影响农民工经济融入的首要政策障碍；尽管农民工的经济融入初见成效，但经济收入与职业体系的分化日渐加剧，拥有较好经济、技术和文化资本的精英农民工的融入需求凸显。

第一，劳务派遣用工方式存在诸多管理漏洞，造成差别对待与责任盲区，不利于经济融入。始于劳动力小规模转移初期的劳务派遣用工方式，仍然是当前企业雇用农民工的主要方式①。2013年《劳动合同法》规定：劳务派遣只能在临时性、辅助性或者替代性的工作岗位上实施，存续时间不超过6个月（胡彩霄，2013：28）。2014年人力资源和社会保障部（2014）发布《劳务派遣暂行规定》，明确指出：劳务派遣公司依法为被派遣劳动者缴纳社会保险费，且劳务工用工比例不超过10%。显然，现今，农村劳动力已经大规模向城镇转移就业，捉襟见肘的劳务派遣用工方式造成劳务派遣公司与用工单位"双重管理"的局面，不仅导致双方相互推诿责任，也造成"同工不同酬"、"同工不同险"的差别对待。政策滞后及其引发的私有部门控制成本的逐利行为，是政府与市场双重失灵的根源所在。用工单位如何

---

① 各企业雇用农民工的方式如下：昆铝集团、昆钢集团主要采用劳务派遣的方式；云南民族村、南亚风情园采用直接招聘的方式，云南民族村主要从省内少数民族地区直接招聘员工；中豪螺蛳湾商贸集团比较特殊，商户业主是自我雇佣型，以来自浙江、福建的浙商、闽商为主，也包括湖南、四川、山东等地的商户，员工（小工与市场管理人员）则是直接雇用当地新城（呈贡）的失地农民；俊发房地产、东莞裕元鞋业、云南白药集团既采用劳务派遣的方式，也采用直接招聘的方式，俊发房地产主要通过合同项目外包方式将项目承包给江苏某建筑公司，再由该公司招聘建筑工人；东莞裕元鞋业从内地省份大规模直接招聘，已拥有相对稳定的劳动力资源渠道，每年定期与湖南、四川等地的劳务派遣公司合作录用工人。

依法履行好"松散劳务关系"下的企业责任,是有待加强研究和监管的问题。调研资料如下:

> 我们和中介机构签"劳务派遣协议"和"安全协议",中介机构为劳务派遣工购买社会保险;劳务派遣工和企业的关系本身是松散的,劳务派遣工的流动性很大的,五险一金怎么办?民营那是不管你的,我们是要管的。所以我们支付的劳动成本就不一样。建议政府能管,企业是无力的,许多社会成本很重。(昆钢集团党委书记G)

第二,收入差距不断拉大与职业体系的分化日渐加剧。(1)企业农民工的经济收入差距拉大,经济资本型、文化资本型、技术资本型精英农民工的收入较高,融入需求凸显。经济收入水平最高的是中豪螺蛳湾商贸集团的外来"老板"浙商和闽商,经济上的成功使他们成为典型的"经济资本型"农民工;云南民族村从事民族文化传承工作的少数民族员工则是"文化资本型"农民工的代表,其就业较稳定,员工收入包括"工资+津贴+提成";"技术资本型"农民工主要来自东莞裕元鞋业,公司从"打工妹/仔"中培养出一批具有跨国工作能力的技术骨干和管理人才①。(2)劳务工转合同工的职业晋升渠道,有助于促进农民工的经济融入,但是,职业体系的分化却引发并加剧了就业排斥。调研表明,服务业企业采用"星级管理"、制造业企业采用"年终考核"的办法建立职业发展机制,即初级岗位转中高级岗位、劳务工转合同工。正是市场和政府力量的双重形塑,造成以福利差距和社会地位为指标的职业等级体系的分化,体制内优于体制外,而在体制外就业市场中,正式工又优于劳务工,劳务工处于职业分层体系的最底层。城市工人和农民工之间的收入差异源于福利性收入,而不是基本工资,影响农民工经济融入的主要是社会保障制度(谢桂华,2007)。正如德国大陆福利模式中存在"局内人"对"局外人"的排

---

① 东莞裕元鞋业依托教育机构为员工提供大专、本科专业教育培训,提升员工的人力资本,并通过提供住房、用餐待遇形成激励机制,干部住公司的2人间宿舍,在干部餐厅用三餐,将优秀员工派驻新加坡、印度尼西亚等国的产区工作,积累跨国工作经验。

斥（埃斯平-安德森，2010），就业排斥加剧不仅造成劳动力市场的僵化，同时也使底层就业人员应对风险的能力下降。调研内容如下：

> 我们在重要岗位从事操作工，只要有转正的名额，都会努力去争取；各个车间都有鉴定表进行年终绩效考核；三年以上，通过逐级考核，比较优秀的就会按一定的比例留用，择优录用5%，可以转成正式工。（昆钢集团劳务工M2）

> 我们每月收入5000元左右，主要看绩效；老公和孩子在上海，公司安排我们在上海参加大专培训班，学习会计专业，一开始觉得数学比较吃力；我们下个月和同屋的姐妹，要被派到印尼（印度尼西亚）产区给员工做培训，估计要去两三个月。（东莞裕元鞋业员工W2）

> 我们整个民族村虽然有一个国有身份，但我们没有一个公务员，没有一个事业编制，其实严格地说，我们跟他们（农民工）都是一样的。（云南民族村党委书记Z）

（二）社会融入

社会融入研究主要围绕社会关系与社会保险政策展开，调研发现，目前农民工的社会关系发展较好，但是，社会福利政策的发展水平低，政策碎片化问题突出，农民工的社会福利权利仍然普遍缺失。

第一，民主参与式的企业文化有助于农民工融入企业社区。在调研中，云南民族村特有的人性化族村式管理模式，让打工者成为主人、兄弟姐妹，增进了员工的归属感，形成"企业的核心竞争力"。东莞裕元鞋业将社会工作的专业方法与理念引入企业管理中，聘用专业社工设立"生辅室"，为员工提供沟通申诉、资讯、心理辅导等专业服务，营造"高埗裕元是我家"的融入文化。调研内容如下：

> 民族村是展示云南少数民族文化传承的景区，培养少数民族的归属感、认同感、民族自豪感，外面的企业你就是打工的，民族村说实在话，他们是寨子真正的主人，我们二十多个村寨都是

自己人在做；25个少数民族青年在一起居住多年，没有发生过大的矛盾和冲突，得益于我们对演员的教育培养和人性化管理；我们真正把少数民族兄弟当作主人来看待，这也是企业的核心竞争力。（云南民族村党委副书记 Z）

我们给每个员工发放一张七字诀生活小卡，卡上是这么说的：高埗裕元是我家，清洁卫生靠大家，生活工作困难事，请找工厂生辅室，五湖四海一家人，不是亲人胜亲人，兄弟姐妹齐努力，再创裕元新天地。（东莞裕元鞋业经理 L）

第二，社会保险的参保率低，社会融入停滞不前。如表2所示，城市"五险"的参保率在过去5年中几乎是低水平原地踏步，到2013年，"五险"的参保率没有突破三成。农民工可参加"五险"但缺最重要的"一金"（住房公积金），且"五险"的城－乡、城－城转移接续尚未实现。"五险一金"强制性社会保险，是应对工业社会潜在风险的重要安全机制。尽管《劳务派遣暂行规定》中明确指出，劳务派遣单位依法为被派遣劳动者缴纳社会保险费，并办理社会保险相关手续；跨地区派遣劳动者的，由劳务派遣单位在用工单位所在地设立的分支机构为被派遣劳动者办理参保手续，缴纳社会保险费（人力资源和社会保障部，2014）。但政策的稳定性和执行力仍有待实践检验；而且，就业的流动性带来社会保险的频繁转移接续，碎片化、低水平的政策难以使社会保险发挥应有的保障功能；加之农民工风险意识淡薄，对参保心存疑虑：上述三方面因素导致农民工参保水平低。如果这种现状得不到根本的扭转，社会政策的滞后会将农民工"逼回农村"。如何加强企业对社会保险政策的执行力，建立统一账户、畅通的异地转续渠道，解除参保人的后顾之忧，是当前农民工社会保险政策设计的当务之急。

劳务用工的稳定性难以保障，哪里工资高，就往哪里跑；他们拿到手里的就2000元钱，如果一定要买社会保险，可能就只拿得到1500~1700（元），工资太低，他就不愿意买社会保险，把钱拿到手上装在包里，心里才踏实。（昆钢集团人事部部长 L）

政策一直在变，连我们自己有时候都会有疑惑；每个月要解除四五十份合同，然后又要新买进保险，入和出都是特别大的量，恶性循环。（南亚风情园人事主管 B 女士）

我们所有签合同的员工都要买"五险"，没有公积金；但城镇转农村这个渠道没打开，每个月扣养老保险 100 多元，其实是兄弟们自己的钱；直接回农村去就断了，只能放到他们社保基金个人账户封存，规定只能到退休时提取；如果新的就业单位又给员工买保险，这种我们可以转，只是员工抱怀疑态度，相关的政策要出台，要么能接续，要么就提走。（云南民族村人事部经理 W）

表2 外出农民工参加社会保障的比例

单位:%

年份	2008	2009	2010	2011	2012	2013
养老保险	9.8	7.6	9.5	13.9	14.3	15.7
工伤保险	24.1	21.8	24.1	23.6	24.0	28.5
医疗保险	13.1	12.2	14.3	16.7	16.9	17.6
失业保险	3.7	3.9	4.9	8.0	8.4	9.1
生育保险	2.0	2.4	2.9	5.6	6.1	36.6

资料来源：国家统计局，2013。

第三，住房公积金缺失，住房和子女就地入学问题突出。（1）住房支持政策的缺乏，导致农民工居住环境条件恶劣，不仅为城市底层社会的形成提供了土壤（王星，2013），而且成为已婚农民工返乡的直接原因。东莞裕元鞋业针对当前个体住房需求多元化的现象，逐步放弃早期大规模、低水平的宿舍制统一管理模式，采取补发住房补贴的办法，依靠到市场租房来解决住房问题。（2）推行多年的子女就地入学的教育政策仍难以有效落实。教育资源的不均等是导致代际贫困的主要社会根源，使"农二代"输在起跑线上，学校营养餐的城乡差别可以说是对基于户籍与身份歧视的二元政策的讽刺，不公平的教育政策引发企业管理者和农民工的强烈不满。调研内容如下：

对这批人要有配套政策，现在几个人住一间，一旦结婚有个孩子，那怎么办？这就会带来住房问题、户籍问题、子女就学等一系列问题，那就逼着大家回去了呗，公积金其实挺重要的；教育资源不均衡，配置资源不到位，整个度假区只有三个小学，那么多住户，大家对孩子就学这个问题非常恼火，我们领导班子非常重视，每年要替员工向度假区争取落实就学指标；阿罗老师他们几家的孩子，为了让他们安心工作，最近我们就在落实这个事情，天天跑啊。（云南民族村工会主席 H）

户籍制度把人分成三六九等，未来你不能说谁是农民工，谁是城市工；住房、子女入学、社会保障，都是从这个问题来的；首先你是中国人，是国民，有公民身份，就有大家完全平等的一切权益，是不是？现在我们的人是被区隔的；比如丽江县城的学校为农村户口的学生提供营养餐，一到中午城市这帮孩子就看着（大家笑），本来在一个学校里上学，这些都是人为的，都是二元社会带来的，城市的有了，农村的就看着，农村的有了，城市的就看着。（云南民族村党委副书记 Z）

（三）政治融入

正式组织的制度化参与是政治融入的主要路径。对农民工参与企业正式权威组织的情况的调研发现，"就地入党"的党建工作尚未启动，工会建设较为薄弱，企业农民工的政治融入滞后，传统组织工作优势能有效地促进农民工的政治融入。

第一，"就地入党"的党建工作尚未启动，限制农民工党员的政治融入。双重管理下的党建工作责任主体不明确，组织关系的接转程序烦琐。流出地因距离远对流出党员疏于管理，流入地党组织因避免增加工作负担与管理成本而规避责任，用工单位没有及时承接对农民工党员的管理。用工单位实际上普遍存在担心党组织、工会组织念"紧箍咒"的畏难心理和疑虑，加之就业流动性大、管理成本高，企业并不愿承担过多的管理责任，希望将农民工的政治融入（党建与工会工作）委托给劳务公司和当地社区政府（街道）。在就业稳定的行业适宜采用"属企化管理模式"（马智宏，2011），调动流出地党组织、流入地党组织、流入地发包方企业党组织和流入地承包方企业党组织，构建四方组织协调的网络化农民工党建新格局。① 例如昆铝集团将农民工党员的关系放在劳务派遣公司，预备党员的考核由劳务派遣公司和劳务工工作所在车间党支部协作完成。

<u>我的组织关系在义乌</u>，但<u>人在这里</u>，<u>工作在这里</u>，个人情况或发展党员，都要报义乌，<u>离土、离乡这些人怎么教育？怎么组织？有党票的要找党组织</u>，找不到，人家不接，<u>流动人口</u>这一块，<u>党组织不接收</u>。（中豪螺蛳湾商贸集团市场管理员 F）

企业的党工作围绕生产和销售这个中心，把政治优势转化为竞争优势……党的声音相对来说没有政府机关那么强大，但是在我们企业还是比较好的，<u>有的企业党组织都快不存在了</u>，<u>组织涣散</u>，<u>意识淡薄</u>，谁还会想着入党；<u>最棘手的是怎么改进劳务公司建立党组织的问题</u>，<u>几个劳务公司合起来</u>，或者由一个行业来牵头成立一个党委，把劳务工的组织关系转过来；用工企业不好转是因为<u>流动性比较大</u>，而且劳务用工是和劳务公司签的协议；<u>当地政府都不愿意接纳</u>，这些劳务工党员就没有办法了，有些<u>七八年还是预备党员没有转正</u>。（昆钢集团人事部部长 L）

第二，工会建设较为薄弱，"就近入会"尚未实现。工会能够为大多数农民工提供更广泛的可及的参与机会。调研发现：（1）与党建工作面临同样的问题，大多数企业的劳务工入会工作被委托给劳务派遣公司，工会组织的责任不明确。例如昆钢、昆铝集团由劳务派遣公司成立工会，按属地管理原则由地方工会组织劳务工参会。（2）工会具有建设、参与、教育和维护四项基本职能②，《人社部就劳务派遣若

---

① 中远船务集团发展农民工党员 233 人，建立了 4 个农民工联合党总支、16 个农民工支部、101 个承包方工会（参见张盼，2011）。
② 工会是职工自愿结合的工人阶级的群众组织；企业、事业单位、机关有会员二十五人以上的，应当建立基层工会委员会；在中国境内的企业、事业单位、机关中以工资收入为主要生活来源的体力劳动者和脑力劳动者，不分民族、种族、性别、职业、宗教信仰、教育程度，都有依法参加和组织工会的权利；工会依照法律规定通过职工代表大会或者其他形式，组织职工参与本单位的民主决策、民主管理和民主监督。参见《中华人民共和国工会法》（2001 年修正），http://wenku.baidu.com/view/5edafe0976c66137ee06192a.html，2001 年 10 月 27 日。

干规定公开征求意见》中强调工会的维权和监督职能[1]，但遗憾的是，在 2014 年 1 月正式颁布的《劳务派遣暂行规定》中却未涉及工会的内容。如何落实农民工加入工会的基本政治权利，恢复并重建工会的基本职能？依托工会组织农民工参与企业的决策与管理，加强其能力建设，促进其政治融入，是当前企业农民工管理面临的重要任务。例如，云南民族村的工会在促进员工融入和管理中发挥着重要作用，工会除了开展日常服务，还通过"集体合同"、"专项合同"维护员工增薪、休假等基本权益。调研内容如下：

> 工会和行政部门一起签署专项合同，在经济效益好的情况下保证员工工资15%～20%的提高；工会还针对女职工专门签订集体合同；成立劳动法律监督委员会负责协调劳动争议；工会组织体检、寒窗助学、合唱团等系列文体活动，还有专门的培训中心，组织计算机、插花、茶艺各种免费培训，帮扶困难职工，职工之家的读书室、健身房为职工业余生活提供场所；工会就是员工的娘家人，让员工有家的感觉。（云南民族村工会主席 H）

第三，传统组织工作优势能有效地促进农民工的政治融入。(1) 在调研的企业中，中豪螺蛳湾商贸集团、昆铝集团、昆钢集团的传统党组织仍具有较大的影响力，党建工作规范有序，企业党组织整合社区党组织资源开展网络合作工作。中豪螺蛳湾商贸集团涉及数千外来商户和员工（当地新城的失地农民），员工构成较为复杂。集团党委老干部具有较强的责任感，积极筹建联合工作站，开展公益活动，进行政策宣传，帮助农民工解决看病就医、子女入学等问题，构建良好的融入文化。昆铝集团党组织为考核优秀的农民工党员开辟晋升渠道；昆钢集团为优秀农民工党员开展建党节表彰活动，帮困助难。(2) 农民工党员具有朴素的政治素养、积极的政治诉求和融入意识。商户党员、企业农民工党员通过党组织了解政策，获取生活资讯，在

---

[1] 见《人社部就劳务派遣若干规定公开征求意见》第三十二条，工会依法维护被派遣劳动者的合法权益，对劳务派遣单位履行劳动合同、用工单位使用被派遣劳动者情况进行监督。参见 http: // acftu. people. com. cn/n/2013/0807/c67502 - 22478306 - 3. html，2013 年 8 月 7 日。

组织参与中实现自我成长，增进对企业和社区的归属感。调研内容如下：

> 市场管委会重视农民工党建工作，离土离乡的，不给他离党；这两年云南旱灾，党支部组织党员募捐，还做了许多公益事业；党员要敢富，党员要冒富，最后党员要共同富，党员自己都不富，拿什么去帮助人家？但富了要帮助人家有困难的；商户党员加入社区党支部，组织学习国家的大政方针、昆明市委具体的部署；通过党员向周围的商铺开展宣传；还做了很多实际工作，将党组织的情况渗透到大家的生活当中去。社区党支部主任与医院联系，出具证明，方便农民工到医院看病就诊；小孩子要上学，社区党支部去跟学校协调；党的节日、国家的节日，社区党支部组织活动，营造一个氛围。（中豪螺蛳湾商贸集团商户党员 L）

五　研究结论与政策建议

调研发现，尽管企业农民工的经济融入初见成效，但社会融入停滞不前，政治融入尤为滞后。制度性参与的缺乏与福利权利的缺失，制约了农民工政策的改革和发展，并成为影响经济融入和社会融入的内在根源，农民工的融入关键在于赋权。

（一）经济融入初见成效，社会融入停滞不前

第一，经济收入差距不断拉大，职业等级分化日益加剧，精英农民工的融入需求凸显。经济融入催生政治融入和社会融入，先富起来的私营业主和大企业的技术管理骨干，拥有较多的经济资本、文化资本和技术资本的"精英农民工"阶层的融入需求显著。例如，中豪螺蛳湾商贸集团的浙商、闽商，云南民族村少数民族员工，昆铝、昆钢集团从劳务工转为正式工的技术骨干，东莞裕元鞋业从农民工成长起来的高级技工，云南白药集团的部门经理，等等，这个阶层是引导农民工融入城市的先锋力量，也是释放国内市场需求的潜在的中产阶层和重要的纳税人，他们的政治诉求及参与意愿最为显著，他们引领的

融入趋势已经倒逼僵化的城乡二元社会政策与民主选举制度的改革。

第二，福利资源利益分配格局僵化，农民工社会福利权普遍缺失。"五险"的参保率未突破三成，住房公积金的大门尚未向农民工开放。社会融入停滞不前，主要原因如下：一方面，社会保险政策本身存在保障水平低、转移接续难的问题，导致农民工和用工单位的参保意愿不强；另一方面，劳务派遣用工政策导致形成相互推诿的责任盲区与逐利空间，带来农民工社会保险福利、入党与入会的责任主体不明确，劳务派遣公司、用工单位、社区（基层政府）三方"踢皮球"。因此，亟待加强社会保险的转移接续及政策整合研究，解决农民工社会政策不完整、不系统、不彻底、不配套的碎片化问题（王春光，2012）；同时依照"属企化管理原则"，取消农民工（劳务工）与正式工的差别管理，推行统一的劳动合同法，简化管理程序，提高效益，促进公平，强化用工企业购买社会保险的责任意识，依托企业实现农民工的就地入党、入会。逐步打开政治融入渠道，让农民工通过选举代表的方式进入福利资源分配的重大决策中，在经济融入的基础上，促进政治融入和社会融入。

（二）政治融入的水平、层次不齐，"就地入党"、"就地入会"尚未实现

政治融入既是实现农民工城市融入的根本保障，也是当前创新社会管理模式、促进民主政治建设的重要任务。（1）农民工的组织化水平和企业的管理模式是影响农民工政治融入的关键因素。公有制企业昆铝、昆钢集团的党组织和工会仍具有较大的影响力，具有促进农民工政治融入的组织优势；中豪螺蛳湾商贸集团在外来商户与本地失地农民工的融合管理方面具有独到的经验。（2）良好的企业参与文化有助于促进农民工的政治融入。企业参与文化能有效地调动偏远地区少数民族员工（云南民族村）和内地农民工（东莞裕元鞋业）积极参与企业管理，东莞裕元鞋业的民主参与管理理念和以人为本的社工精神，为大型制造业企业的管理提供经验，云南民族村的族村式管理模式为旅游服务业企业的融入管理带来启发，这些经验表明，不能简单地以文化素养低为理由来限制农民工的参与，忽视农民工群体融入城市的政治诉求及行动能力，更要避免刻板印象和社会偏见。（3）建筑业农

民工的融入水平较低，建设城市却始终远离城市的建筑业农民工，他们的城市融入问题不容忽视，尽管建筑业农民工有较高的收入，但其社会地位和参与水平较低，相对封闭的工作空间限制了他们在城市的参与和互动。如何发挥建筑业班组管理的组织化优势，让冰冷的钢筋水泥铸就建筑业农民工温暖的城市精神家园，是亟待关注的问题。

（三）企业农民工融入路径：赋权式融入模式

第一，企业农民工赋权式融入的内涵及路径。西方国家的三种融入模式并不适合用来解决我国的农民工融入问题，政治融入的滞后及社会福利权缺失才是制约农民工融入的关键所在，笔者提出"企业农民工的赋权式融入模式"（Empowerment-Based Inclusion Model，下文简称 EBI 模式，见图 2）：在经济融入的驱动下，通过政治融入获得决策参与权，以实现获得基本福利权利的社会融入。（1）赋权（Empowerment）理论源于社会民主主义的政策实践，赋权旨在帮助无权个体（powerless clients）获得与他们生活相关的决策权力，降低权能障碍，提升他们争取个人和家庭福利权利的能力，促进社会公平正义（Payne，2005：259）。增权取向成为社会工作理论与实践的新视角，强调权力在社会关系中的重要性，重视弱势群体所处的社会环境，发展他们作为积极主体的潜能（陈树强，2003）；社会工作旨在推动增权，增进福祉，促进社会正义（古学斌，2013）。（2）企业农民工经济融入的政策路径：发展合同制下的正规就业，完善职业发展体系，使农民工获得平等的职业福利待遇；政治融入应遵循"属企化管理原则"，使农民工依托正式组织实现就地入党、就地入会；社会融入方面，要统一缴费及受益标准，实现城－乡、城－城的转移接续，并构建积极的、平等的企业融入文化。在"经济融入—政治融入—社会融入"链式动态发展过程中，经济融入是农民工扎根城市的物质基础，政治融入是农民工融入城市的制度保障，社会融入则是融入的核心内容。（3）公民权是赋权式融入模式的重要理论依据，包容型社会政策是赋权式融入模式的政策依据。马歇尔指出："公民权是给予共同体的完全成员的一种地位，所有拥有这种地位的人的权利和义务是平等的。"（Marshall，1992：18）这种共同体下的平等，应取消以城乡户籍身份界定福利受益者的差别对待及不统一的受益标准；包容型社会政策强调权利保障、重视能力建设，农民工管理政策应从限权向平权转变（向德平，2012；熊光清，2012）。《人民日报》新近刊发了经济学教授许经勇的观点。他指出，农民工市民化的关键在于赋权和增利，使农民工与市民享受相同的基本公共服务（许经勇，2013）。笔者认为，赋权是增利的前提，只有增进农民工的权力，才能使其获得并享有基本福利。

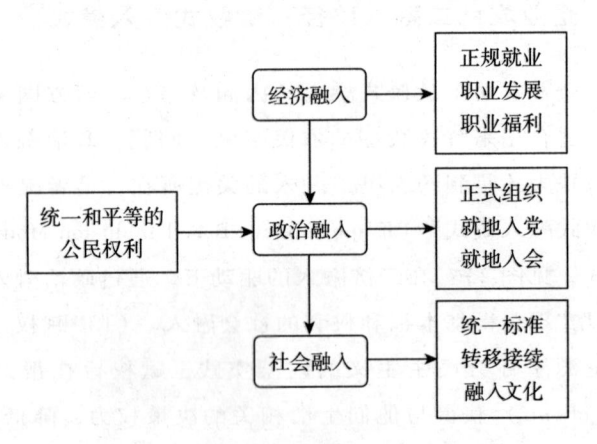

```
                    ┌─────────┐      ┌──────────┐
                    │ 经济融入 │ ───→ │ 正规就业  │
                    │         │      │ 职业发展  │
                    │         │      │ 职业福利  │
                    └─────────┘      └──────────┘
┌──────────┐        ┌─────────┐      ┌──────────┐
│ 统一和平等的│ ───→ │ 政治融入 │ ───→ │ 正式组织  │
│ 公民权利  │       │         │      │ 就地入党  │
└──────────┘       │         │      │ 就地入会  │
                    └─────────┘      └──────────┘
                    ┌─────────┐      ┌──────────┐
                    │ 社会融入 │ ───→ │ 统一标准  │
                    │         │      │ 转移接续  │
                    │         │      │ 融入文化  │
                    └─────────┘      └──────────┘
```

图 2　企业农民工赋权式融入模式

第二，农民工政治参与权与社会福利权的缺失制约社会改革与经济发展。试图规避农民工政治融入的政策主张始终没有触及问题的根本，如果一再忽视农民工政治融入问题，那么阶层失语下的社会融入只能是空中楼阁。被动的、无力的弱势群体如何进入资源分配的利益博弈环节和决策过程？政治融入的缺失，导致农民工融入链的中断，市民化停滞不前。有专家将这种状态界定为"半城市化"（王春光，2012），甚至出现把农民工逼回老家的中国式"逆城市化"，有悖于社会改革发展的趋势。十八届三中全会民生改革的重大举措是"赋予农民更多的财产权利，农房农地能抵押能担保"①，这将进一步释放农村剩余劳动力并推动农村劳动力向城镇转移。但是，缺乏应有的社会投资的农民工特别是新生代农民工，人力资本与社会资本薄弱，劳动技能与社会资源匮乏，这极大地降低了他们在劳动力市场中的竞争力和应对风险的能力，从而影响其经济融入。政治融入与社会融入的滞后，

---

① "十八届三中全会民生改革十大看点"，http://news.xinhuanet.com/politics/2013-11/16/c_118170088.htm，2013年11月16日。

已经阻碍了我国社会福利政策的改革及市民社会的发育，终将制约市场配置劳动力资源的基本规律，影响经济发展的有效性和社会公平正义。融入的实质是农民工群体从权力边缘进入城市政治决策过程，参与公共资源的平等分配。融入过程既重构城乡统一的、平等的社会政策体系，也是庞大的底层阶层向中产阶层过渡并促进我国市民社会发育的重大社会转型过程。

（四）权威组织建设是农民工赋权式融入的重要引擎

启动并加强农民工党建工作与工会工作，增进农民工的政治资本与社会资本。第一，充分发挥党政权威组织在促进民主政治建设及农民工政治融入过程中领航把舵的关键作用。重视农民工党建工作，积极引导农民工合法有序地进行政治参与（杨正喜、唐鸣，2006），吸纳优秀精英农民工参与城市党政正式组织，建立农民工政治参与的制度渠道，扩大党组织在农民工群体中的影响力，以党组织为核心带动社会自组织广泛参与，以公有制企业、大型企业的农民工组织建设带动非公有制企业、中小企业的农民工组织建设，为农民工政治融入开辟制度化通道。值得关注的是，26名农民工党员已进入"十八大"代表行列，第一次以群体形象出现在全国党代会上，尽管仅占代表总数的1%①，却肩负着中国2.6亿农民工的期盼②，为农民工的政治参与开辟了制度化通道。第二，恢复并重建工会的维权、教育、参与和建设四大基本职能，增强农民工与企业、政府谈判的能力，发挥农民工正式组织在政治参与中的重要作用。第三，积极培育并整合多元化的社会自组织，促进农民工社会资本的积累。社会自组织将分散的个人资源和能量整合为集体的意志，扩大民众社会生活与政治参与的空间（邓秀华，2009；Yuan & Glopelwar，2013）。依托城市社区自组织为农民工的城市融入构建现实的参与渠道和服务平台，发展农民工社会资本，推进纵向的、深度的决策融入（刘建娥，2010b）。

融入规律下的倒逼机制必然催生"赋权式融入模式"，"赋权式融

---

① "十八大38个代表团全部报到 首现农民工群体代表"，http://news.qq.com/a/20121107/000050.html，2012年11月7日。
② 国家统计局"2012全国农民工监测调查报告"表明，农民工总量达26261万人，http://www.gov.cn/gzdt/2013-05/27/content_2411923.html，2013年5月27日。

入"是我国农民工融入城市社会的唯一出路。农民工只有获得基本的政治参与权,才能享有社会福利权。农民工问题的解决最终只能依靠农民工自身通过组织化渠道进入制度性的政治参与平台,才能改变目前不平等的、僵化的公共资源分配格局,为社会政策的有效实施提供政治基础,为农民工实现城市融入打破制度壁垒。只有农民工能够在决策议程中代表自身利益时,所有针对农民工的社会投资才是可及的、普惠的、现实的和有效的,政策设计才能走出学术论坛,成为有力的行动和真切的实惠。企业是城市社会主要的经济组织,特别是行业大企业,具有党团、工会、行业协会的组织基础,集聚拥有较多经济资本、人力资本和社会资本的农民工群体(潜在的中产阶层),所以开辟政治融入的渠道,推动企业农民工率先融入城市,已经势在必行。

参考文献

埃斯平-安德森(2010):《福利资本主义的三个世界》,苗正民、滕玉英译,北京:商务印书馆。
陈树强(2003):"增权:社会工作理论与实践的新视角",《社会学研究》,第5期,第15页。
邓秀华(2009):"西方发达国家公共参与经验对农民工政治参与的启示",《求索》,第8期,第79~81页。
古学斌(2013):"行动研究与社会工作的介入",载王思斌主编《中国社会工作研究》第十辑,北京:社会科学文献出版社,第7页。
关信平(2013):"社会政策公平性的价值标准及制度建构",《2013年学术年会暨第九届社会政策国际论坛论文集》,未出版,第120页。
国家统计局(2014):"2013年全国农民工监测调查报告",http://www.stats.gov.cn/tjsj/zxfb/201405/t20140512_551585.html,2014年5月12日。
国务院发展研究中心课题组(2011):《农民工市民化:制度创新与顶层政策设计》,北京:中国发展出版社,第281~283页。
胡彩霄(2013):"从《劳动合同法》修正案谈劳务派遣'三性'沿革",《劳动和社会保障法规政策专刊》,第10期,第28页。
李培林、田丰(2012):"中国农民工社会融入的代际比较",《社会》,第1期,第8、22页。
李树茁、任义科(2008):"中国农民工的社会融合及其影响因素研究——基于社会支持网络的分析",《人口与经济》,第2期,第1~8页。
林卡(2013):"社会政策、社会质量和中国大陆社会发展导向的讨论",《2013年学术年会暨第九届社会政策国际论坛论文集》,未出版,第82~93页。
林志雄、肖卫东、詹琳(2010):"包容性增长理论的脉络、要义与政策内涵",

《中国农村经济》，第 4 期，第 48 页。

刘建娥（2010a）："乡－城移民社会融入的实证研究——基于五大城市的调查"，《人口研究》，第 4 期，第 64~65 页。

刘建娥（2010b）："乡－城移民社会融入的实践策略研究——社区融入的视角"，《社会》，第 1 期，第 144~146 页。

刘茜、杜海峰、靳小怡、崔烨（2013）："留下还是离开：政治社会资本对农民工留城意愿的影响研究"，《社会》，第 4 期，第 103 页。

马智宏（2011）："求解农民工党建难题的理论、方法及其实践"，http://dangjian.people.com.cn/GB/14612607.html，2011 年 5 月 11 日。

人力资源和社会保障部（2014）：《劳务派遣暂行规定》（人社部令第 22 号），http://www.mohrss.gov.cn/gkml/xxgk/201401/t20140126_123297.htm，2014 年 1 月 26 日。

"十八大 38 个代表团全部报到 首现农民工群体代表"，http://news.qq.com/a/20121107/000050.htm，2012 年 11 月 7 日。

"十八届三中全会民生改革十大看点"，http://news.xinhuanet.com/politics/2013-11/16/c_118170088.htm，2013 年 11 月 16 日。

世界银行增长与发展委员会（2008）：《增长报告——可持续增长和包容性发展的战略》，北京：中国金融出版社。

"首部社会管理蓝皮书揭示中国社会五大挑战"，http://www.cnr.cn/gundong/201209/t20120915_510916844.shtml，2012 年 9 月 15 日。

王春光（2012）："从社会政策演变看农民工城市融入"，《中国社会科学报》，第 257 期。

王星（2013）："市场与政府的双重失灵——新生代农民工住房问题的政策分析"，《江海学刊》，第 1 期，第 101~103 页。

王毅杰、粟治强（2012）："农民工权能感的影响因素分析"，《江苏社会科学》，第 5 期，第 72 页。

向德平（2012）："包容性发展理念对中国社会政策建构的启示"，《社会科学》，第 1 期，第 70~74 页。

谢桂华（2007）："农民工与城市劳动力市场"，《社会学研究》，第 5 期，第 84 页。

熊光清（2012）："从限权到平权：流动人口管理政策的演变"，《社会科学研究》，第 6 期，第 49 页。

许经勇（2013）："户籍制度改革重在赋权和增利"，http://www.chinaqking.com/pl/2013/355663.html，2013 年 8 月 11 日。

杨菊华（2010）："流动人口在流入地社会融入的指标体系——基于社会融入理论的进一步研究"，《人口与经济》，第 2 期，第 66~68 页。

杨正喜、唐鸣（2006）："论新时期农民利益表达机制的构建"，《政治学研究》，第 2 期，第 67 页。

虞云耀、高永中（2011）："领导和专家对中远船务农民工党建工作的点评"，http://www.qstheory.cn/dj/jcdj/201111/t20111122_125418_5.htm，2011 年 11 月 22 日。

喻月慧（2013）："英国社会政策研究的最新进展（2011~2012）：文献综述"，载王思斌主编《中国社会工作研究》第十辑，北京：社会科学文献出版社，第 190~191 页。

张盼（2011）："农民工党建成果研讨会在北京隆重举行"，http://www.qstheory.cn/llzx/201111/t20111122_125411.htm，2011 年 11 月 22 日。

张秀兰、梅志里、徐月宾（2007）：《中国发展型社会政策论纲》，北京：中国劳动社会保障出版社。

张学英、李薇（2013）："新生代农民工个人资本乡城转换与提升机制研究"，《广东社会科学》，第4期，第28~29页。

《中华人民共和国工会法》（2001年修正），http：//wenku. baidu. com/view/5edafe0976c66137ee06192a. html，2001年10月27日。

Alcock, Pete. (2006). *Understanding Poverty*. The third edition. Basingstoke: Palgrave Macmillan, p. 129, pp. 252 −253.

Burchardt, T. Le, Grand, J., and Piachaud, D. (2002). Degrees of Exclusion: Developing a Dynamic, Multi-dimensional Measure. In J. Hills (eds.), *Understanding Social Policy*. Oxford: Oxford University Press, pp. 30 −34.

Levitas, R. (2005). *The Inclusive Society: Social Exclusion and New Labor*. The 2nd edition, Macmillan, pp. 7 −28.

Marshall, T. H. (1992). Citizenship and Social Class. In T. H. Marshall & Tom Bottomore (eds.), *Citizenship and Social Class*. London: Pluto Press, p. 8, p. 18.

Payne, Malcolm. (2005). *Modern Social Work Theory*. The third edition. PalgraveMacmillan. p. 259.

Ravenstein, E. G. (1885). The Laws of Migration. *Journal of the Statistical Society of London*, Vol. 48 (2), pp. 198 −199.

Taylor-Gooby, Peter. (2013). The Big Squeeze on Welfare State Spending in Europe: The Partial Success of Social Investment in Addressing New Social Risks. 《2013年学术年会暨第九届社会政策国际论坛论文集》，未出版，p. 12。

Taylor, M. (2006). Communities in Partnership: Developing a Strategic Voice. *Social Policy and Society*, Vol. 5 (2), pp. 269 −279.

Yuan, H. & Glopelwar, M. (2013). Test Subjective Well-being from the Perspective of Social Quality: Quantile Regression Evidence from Shanghai, China. *Social Indicator Research*, Vol. 113 (1), pp. 257 −260.

Wilson, L. (2006). Developing a Model for the Measurement of Social Inclusion and Social Capital in Regional Australia. *Social Indicators Research*, Vol. 75 (3), p. 340.

The Dilemma, Component, and Implication for Theory and Practice on Inclusion of Rural-urban Migrants in China

Jian'e Liu

(Yunnan University)

Abstract: The dilemma of inclusion of rural-urban migrants has involved the existing social policy challenge while public resources spent on rural-urban migrants is constrained. Based on the in-depth interview on the senior managers and representatives of rural-urban migrants from 8 large enterprises of China, this paper addresses that economic inclusion gap from the whole migrants has become increasingly significant, the inclusion of the elite rural-urban migrants group, who have more economic and social capitals, is the most prior issue; social inclusion has stagnated in the context of labor dispatching employment and the fragmented social insurance policy. Political inclusion has increasingly been emphasized in the inclusion chain process, which is essential for developing institutional political participation to enhance their political status. Especially, the formal and authoritative organization, such as the Communist Party and labor union in enterprise, will play the key role in the improvement of migrants' political participation. Inclusion of migrants is more significantly reflected by political participation in the decision-makings that affect them. The limitation of social welfare policy is caused by the absence of welfare rights and political participation. Therefore, Empowerment-based inclusion seeks to help migrants to gain power and reduce the social blocks to their inclusion in urban areas.

Key words: rural-urban migrants of enterprise, economic inclusion, social inclusion, political inclusion, empowerment-based inclusion

失子之殇：社会工作介入失独家庭重建的本土化探索[*]

闽南师范大学历史与社会发展学院　黄耀明

摘　要　失独家庭是极具中国本土特色的一种社会现象和社会问题，失独的突然变故重创了原本就极具风险的独生子女家庭。帮助这些失独家庭在价值迷失甚至绝望之时进行价值重塑，以及帮助失独家庭在家庭破裂时实现家庭重建，显然是当下帮助失独家庭重建生活信心的关键。在国家正在建立完善的社会政策应对失独家庭困境的背景下，社会工作独特的专业理念、方法与技巧可在失独家庭的价值重塑与家庭重建的本土化探索中发挥独特作用。

关键词　社会工作　本土化　失独家庭　家庭重建

一　研究问题的提出

失独家庭是极具中国本土特色的社会现象和社会问题。在独生子女遭遇疾病或意外早逝的突然变故中，独生子女家庭的结构遭到严重

---

[*] 本文是教育部人文社科规划基金项目——重构知识框架：传统文化与社会工作本土化的契合研究（10YJA840013）与福建省教育厅2013年社科A类项目——叙事治疗对失独者心理重建的效果研究（JA13201S）的成果。研究得到福建高校人文社会科学研究基地——海西社会建设与社会服务中心资助。

破坏，家庭关系被颠覆，家庭功能严重受损。更重要的是，这些失独者受失独变故的影响，对生命、生活、家庭、社会等价值观念与判断产生怀疑、动摇，甚至迷失绝望。加强针对失独家庭问题的研究与帮扶行动是社会工作学界的重大责任，亦是构建和谐社会实现伟大中国梦的重大现实问题。1980 年 9 月，《中共中央关于控制我国人口增长问题致全体共产党员、共青团员的公开信》中提倡"一对夫妇只生一个孩子"，同时我国推行人口计划生育政策。计划生育政策实施 30 多年来，我国的人口总量得到有效控制，人口质量显著提升，但同时形成了突出的政策负面后果，其中之一就是形成了不可避免且日益庞大的失独家庭群体。独生子女的唯一性及其缺失使无数失独家庭蒙受多重困境与苦难。究竟我国有多少失独家庭，至今在人口学意义上尚未有确切的统计数据。但从学者的一些研究推断来看，这个群体的数量不仅庞大且正呈现逐渐扩大的趋势。2008 年，王广州等（2008）根据五普数据建立的生命表推算，大约有 3.91% 的人在 18 岁之前离世，大约有 5.1% 的人在 30 岁之前离世，其中 18 岁至 29 岁离世的约为 1.17%。有学者根据 2011 年国家统计局发布的六普权威数据推算，全国 15 岁至 29 岁的人口占总人口的 21.17%。结合卫生部发布的《2010 中国卫生统计年鉴》显示的各年龄段人口疾病死亡率推算，15 岁至 30 岁年龄段的死亡率至少为万分之四，据此估算我国每年至少有 7.6 万个失独家庭产生（周静，2012：32、34）。易富贤（2007）根据人口普查数据，结合人口死亡的年龄结构推算出我国 1975 年至 2010 年共产生了 2.18 亿个独生子女家庭，而这些家庭中会有 1009 万个独生子女在 25 岁之前离世，也就是说中国将来的失独家庭在 1000 万以上。数量如此巨大的独生子女是如何死亡的，有些学者的研究结论为非患病原因的死亡数量高于患病原因的死亡数量。洪娜（2011）在对苏州市吴中区 121 名不幸死亡的独生子女调查中发现，患病死亡的 59 名，占 48.8%；非患病原因意外死亡的 62 名，占 51.2%，其中交通事故致死的占 39.1%，溺水而死的占 21.9%，自杀身亡的占 14.1%。王秀银等（2001）的研究却发现了另外一种现象，即男性独生子女的死亡率高于女性，他们对山东省荣成市 71 个 15 岁以上独生子女的意外死亡进行调查，发现男性死亡 67 人，女性只有 4 名。在男性高出生率、"男主外"观念影响、男性生性比较好动及喜欢冒险逞能等多种因素的作用下,一些独生子日常生活所遭遇的潜在危险明显高于独生女。

相比较而言,失独家庭之痛是空巢家庭、留守家庭、单亲家庭等群体无法比拟的。正如北京大学穆光宗(2009)所言:"失独甚至引发一种连锁反应,物质不能弥补。夫妻之间会互相埋怨,感情可能就破裂;悲恸摧毁夫妻身心,家庭可能就瓦解。独生子女家庭本质上是风险家庭,人生难免有意外,而他们就是其中的不幸者。"穆光宗甚至指出:"我们应该善待他们,他们响应国家号召才走到了今天,他们老了,政府应该关心帮助他们,让他们有自己的家园,让他们有自己的生活,让他们有安宁的晚年。"面对数量如此庞大且呈日益增加趋势的失独家庭群体,政府的社会政策应对、制度框架设计以及民间社会支持明显不足,甚至十分滞后。就目前整个应对策略来看,国家层面于2001年颁布的《中华人民共和国人口与计划生育法》明确规定独生子女发生意外伤残、死亡,其父母不再生育和收养子女的,地方人民政府应当给予必要的帮助。但问题的关键在于这个所谓的"必要的帮助"是什么,责任主体是谁,如何实施,《中华人民共和国人口与计划生育法》并没有具体的表述。2007年国家又出台了"计划生育家庭特别扶助制度",在全国10个省市试点并推行,但一些省市并未很好地落实与执行,很多失独家庭甚至不知道有这样一个政策。2012年底,一些失独家庭集聚到国家卫生计生委(原国家人口计生委)向领导表达自己的诉求,并得到有关部门的接见。2013年底,国家卫生计生委联合五部委发出《关于进一步做好计划生育困难家庭扶助工作的通知》,规定自2014年起将女方年满49周岁的独生子女伤残、死亡家庭夫妻的特别扶助金标准分别提高到:城镇每人每月270元(伤残)、340元(死亡),农村每人每月150元(伤残)、170元(死亡),并建立动态增长机制。在地方政府层面,一些省市在政策帮扶和社会支持等方面做出了不同程度的探索。如北京市规定对失独家庭的父母每人每月给予200元特扶金的补助,直至其亡故。并且启动"亲情牵手"项目为失独家庭提供精神帮扶。福建省规定失独母亲年满49周岁可以领取每年4800元的特扶金。民间一些热心人士也向失独家庭伸出援助之手。如2007年武汉成立了专门帮扶失独家庭的民间公益组织——"连心家园",其倡导让失独家庭抱团取暖的理念,帮助他们重拾生活的勇气。

综上所述，作为特殊弱势群体的失独家庭的问题已引起政府及社会各界的广泛关注。但我们的应对措施只是简单地停留在物质支持层面，在精神支持、生育关怀、医疗救助及养老扶持等问题上尚未能形成完整的社会保障与社会支持体系。针对失独家庭具体帮扶行动的研究尚为空白，具体的帮扶过程缺乏专业性，尤其在失独家庭的价值重塑及家庭重建方面，缺乏深入研究，更谈不上形成科学的本土行动实践。西方专业的社会工作一直被称为社会的稳压器，社工被称为社会问题的治疗师，西方的实践可以为研究中国特色的失独家庭提供独特的理论视角及本土化助人实践带来启迪。

二　文献回顾及理论脉络

（一）文献回顾

在学术界，由于失独家庭群体的特殊性及隐蔽性，针对失独家庭问题进行深度探究仍是一个敏感的话题。不可否认，我国人口学意义上的失独家庭研究开展得较早，但社会学尤其是社会工作对失独家庭问题的研究才刚刚起步，尚未有较深入的经验研究。学术界研究的滞后显然从某种程度影响了政府社会政策对失独家庭问题的及时有效回应。在失独家庭困境研究方面，穆光宗（2009）将失独家庭的困境细分为投资损失、情感损失及效用损失。投资损失即子女死亡后，父母几十年的心血付诸东流，一无所获；情感损失即子女死亡给父母所带来的精神打击；效用损失即父母的老年保障弱化，年老时无依无靠。柳志艳（2012）则从精神、社交、心理和身体四个方面分析失独家庭面临的困境，其认为独生子女的死亡让父母身心疲惫，带来身体健康水平的下降和心理问题的滋生，他们甚至无法开展正常的社交。赵仲杰（2009）从家庭解体的视角提出独生子女的过早死亡使原先的家庭纽带断裂，家庭结构破碎，父母关系高度紧张，甚至离婚而使家庭解体。徐继敏指出独生子女死亡使父母原有的生活秩序被打乱，他们自行封闭，脱离社会，不愿见熟人，甚至出现严重心理问题而自杀。在帮扶失独家庭对策研究方面，学者主要聚焦在政府政策扶持和社会支持网络建构上。一些学者认为政府应从建立保险制度、失独家庭物质帮扶制度、计划生育公益基金、失独救助政策、养老帮扶制度及精神抚慰制度等方面入手承担应有的责任（赵仲杰，2009）。另有一些学者强调可以从社会支持网络的视角帮助失独家庭建构社会支持网络，从社区应急支持、初级群体支持、互助支持及志愿者支持等方面合力解决失独家庭问题。

在文献检索中，笔者尚未发现一篇文章专门探讨社会工作帮扶失独家庭的实务研究。关于社会工作介入失独家庭帮扶的建议只是零星地出现在一些学者的文章中，如晏华认为社工介入应作为失独家庭社会支持的一个重要组成部分；南菁等（2013）提出在众多帮扶失独家庭的社会力量中，必须突出社会工作者（社工）的重要性，应该把社工的介入作为帮扶失独家庭的中心环节，由社工提供专业可行的方法。至于社工如何帮扶失独家庭，帮扶的基本做法与经验等重要方面在学界未见有深入的研究。

总之，目前我国对失独家庭帮扶对策的分析普遍存在重经济援助而轻心理支持、强政策帮扶而缺专业方法介入等问题。尽管有些学者的研究已经意识到在未来的对策实施中应该突出社工的作用，用专业的方法打开失独者的心结。但以上研究显然尚未形成可供复制的经验或者在经验意义上可供验证的研究假设。

（二）理论脉络与视角

将社会工作的专业知识与方法运用于家庭领域，最早可以追溯到1917年玛丽·E. 瑞齐蒙德（M. E. Richmond）在其《社会诊断》中强调家庭对个人影响的重要性。从此之后，家庭一直都是社会工作理论探讨和实务介入的重要领域。19世纪末的慈善组织会社和睦邻组织运动同样对家庭中的贫困与移民做了重要的探索。但是，我们应该看到在家庭社会工作理论与实务发展的同时，家庭社会工作的内容深受不同国家、民族、文化及历史情境的影响而风格迥异。德国于1919年成立了婚姻与性问题咨询中心，奥地利于1922年开展了婚姻辅导工作，美国于1929年成立了婚姻咨询中心，继之于1930年创立了美国家庭关系协会、美国婚姻家庭咨询商员协会等，社工以职业者的身份介入家庭服务的各个方面。但是，纵观西方家庭社会工作的发展历程与实务开展内容，几乎找不到社会工作介入失独家庭的理论模型及实务案例,当然这主要是由于不同国家文化、政策与国情差异所造成的。梳理英、美国家家庭福利与社会工作实务的历史,其社会工作实务开展的重点主要在三个方面:一是婚前的各种问题辅导;二是夫妻关系的冲突与辅导;三是亲子关系问题及其辅导。心理层面的疏导支持一直被视为家庭社会工作的主流,而其他的服务大都被社工转介给其他社会服务机构。就是1977年美国出版的《社会工作百科全书》中关于家庭服务的七个范畴亦难觅失独家庭辅导的踪影。这七个范畴是:关于婚姻和家庭的咨询;家庭生活教育;一般性服务;家务服务;参与专业教育;参与有关研究;家庭社会环境的改善。因此,社会工作介入失独家庭的重建可以被视为中国社会工作本土化的一次重要实践,是中国在国际社会工作领域发出中国声音的一次机会,是我辈社会工作学人为解决中国社会问题,证明社会工作价值及功能责无旁贷的使命与职责。

基于失独家庭问题的特殊性,采用问卷调查的方法难以收集到可以解决失独家庭问题的真实资料。基于建构主义的质性研究则可以以研究者本人作为研究工具,进入失独家庭的日常生活场景,通过研究者与失独家庭的不断对话与协商,进行整体关联式的研究(Gergen,1994;陈向明,2000)。与传统经验的科学的实证主义哲学不同,建构主义不认为存在可供解释的"客观现实",其认为所谓的"客观现实"无非是人们在具体的社会历史文化背景影响下经由社会交往通过语言建构出来的意义。就失独家庭来说,假使遵循西方传统经验主义的研究方法,研究者势必站在"治疗者"的立场运用问题或病理的视角试图从失独家庭内部探究他们的失独经验及家庭功能失调病灶。这样的研究方法显然不适合失独家庭群体这一独特的研究对象,因为研究者在研究伊始就屏蔽了出现失独家庭问题的社会政策背景,失独家庭群体并非问题与麻烦的制造者,而是一定社会文化政策框架中的受害者。诚如龙迪(2007)所言,为了超越西方个人主义传统的知识宣称限制,应该以社会建构主义邀请对话的宣言为依据,建立系统—个人—文化(性别)—抗逆力多重视角概念框架,在更广阔的社会—历史—文化背景中探索失独家庭的创伤性经验,以期为中国建立失独家庭的系统专业介入提供背景化、本土化的知识基础。

基于此,本研究采用探索—描述—行动的定性研究路径,从库恩

（Kuhn）、波普尔（Popper）及现象学的研究取向出发，对社区的6个失独家庭开展支持性小组工作，在建立较稳定和信任的专业关系之后，进行主题式的深入访谈，通过回溯性的叙述及与失独者一起行动，在与他们共同的探索中深入理解失独家庭的悲痛与困境，分享他们不断与生命对话的心路历程。研究的目的是通过失独问题泛化、失独问题外化、生命价值重塑、失独者互助、家庭重建、社会政策推动等系列焦点工作达到帮助失独群体重建家庭的目的。

选择定性研究是由失独家庭的特点与处境决定的，亦是社会工作的专业特质使然。从表面现象看，定性研究是把社工本身当成研究的工具并在自然场合进行的研究，所收集的资料是失独者讲述的故事。社工将这些日常话语资料归纳性地进行分析，着重分析失独者话语所蕴含的意义世界。也就是 Taylor 和 Bogdan 所言的，定性研究范式的方法论将研究过程看作趋近人们经验世界的途径。从失独者封闭、孤独、不易接近且心理脆弱等特点看，社工只有深入到失独者自然真实的环境中，通过对其日常生活的观察、倾听他们的声音、感知他们的想法，才可能掌握那些未经过滤的、原始的、可靠的第一手资料，也才有可能获得对失独者的真切了解。诚如柏瑞曼（Bryman）所认为的要"透过被研究者的眼睛看世界"。

本研究的行动介入视角突破传统割裂的社会工作方法，整合社会工作服务模式。基于失独家庭封闭、孤独、易碎、逃避等特点，采用支持性小组的介入方式与失独者建立关系，帮助失独者彼此之间建立互助关系，稳定及疏导失独者情绪。通过小组活动、个人辅导及社区倡导继而消除失独者的不良症状，建立小组成员间的支持性关联，从而实现受助失独者得到情感支撑、价值重塑与家庭生活秩序重建的目的。在这一过程中，小组工作可以发挥重要的支持性功能。就像克那普卡（G. Konopka）所言，小组工作可以通过有目的的小组经验，提高个人的社会生活功能性，并协助每个人更加有效地处理个人、小组和社区问题。在社会工作实践中采用治疗支持模型的罗伯特·凡特（Robert Vinter）通过诸多实务总结道："个人的社会关系与适应能够透过小组的方式得到治疗。小组治疗应该被视为一种专门的提供满足需求者的服务。"此后，从弗洛伊德精神分析走出的阿德勒小组、莫雷诺的心理剧、伯恩的交流分析小组、伯斯的完型治疗小组、罗杰斯的案主中心小组、艾利斯的理性情绪治疗小组、葛拉瑟的现实治疗小组都可以被视为小组工作吸纳了精神医学、心理治疗等理论成果提供个人精神康复与社会适应改善的临床实践。

也就是说，小组工作可以用来协助失独者达到和恢复预期的社会功能。Northen（1987）对小组工作的解释最为全面，不仅指出了小组的目标，也提出了实现小组目标所需要的小组动力。他还指出社工常把小组当成过程和手段，其通过小组成员的互相支持，改善他们的态度、人际关系和应对实际生存环境的能力，强调要运用小组过程及小组动力来影响服务对象的态度和行为。对于失独群体来说，采用支持性小组工作模式的主要优势还在于以下三方面。一是支持性小组可以运用小组的独特情境弥补失独家庭个体社会化的不足。二是在小组中，失独家庭可以运用集体的力量来发出声音并解决问题，因为参与小组的经验本身就可以增进每个小组成员与他人合作解决问题的能力。在此基础上，还可以用失独家庭群体团队的力量去解决问题甚至推动社会政策的改变。三是支持性小组能更有效地运用资源。因为社工是以一两个人的力量去调动一个群体的力量，通过失独家庭群体的共同努力，同时解决一群人面对的困境与问题。相对于个案辅导来说，支持小组可以起到事半功倍的助人效果，而且可以确保社工提供专业服务的可持续性。

三　失独家庭的主要困境分析

本研究的研究对象来源：一是社区推荐的失独家庭，二是区妇联及计生委组织推荐的失独家庭，三是失独家庭推荐的失独家庭。具体6个失独家庭（10人）个案资料如表1所示。

表1　失独家庭情况

个案	性别	年龄	失独子女及原因	个案来源
S1	男	52	（子）交通事故	区计生委推荐
	女	51		
S2	男	48	（子）生病	社区推荐
	女	46		

续表

个案	性别	年龄	失独子女及原因	个案来源
S3	女	50	（子）工伤事故	区妇联推荐
S4	男	53	（子）自杀	社区推荐
	女	49		
S5	女	49	（子）交通事故	失独家庭推荐
S6	男	47	（女）见义勇为	社区推荐
	女	47		

研究发现，尽管失独家庭的困境与问题纷繁复杂，因人而异，但失独家庭困境最核心的应是失独者经历失独变故之后对生命及价值的质疑、理解和反思；家庭破碎之后家庭秩序的重构与重建；生活信心的重塑；物质生活的保障与社会支持等。

第一，失独变故使失独者对生命与价值的观念产生怀疑。人口计划生育政策的实施在成功控制了人口总量的同时，产生了无数极具风险的独生子女家庭。失独的家庭变故如费孝通先生所言，"家庭基本三角"遭受破坏，原本将独生子女视为生命延续的唯一希望破灭，家庭的正常亲密关系突转为缺失型的家庭关系。失独者在悲恸的同时对传统的生命与价值观念产生严重怀疑："生命的意义是什么？""生活的动力与活力在哪里？""为什么这样的悲剧会发生在自己身上？"

> 为什么我的命会这样不好，到底是我做错了什么上天才如此毁灭性地惩罚与折磨自己？（20130304）[1]

> 我真的对人生的意义与价值彻底失去信心，孩子走了，人活着还有什么意思？（20130304）

> 以前吃苦再多也觉得没有关系，现在想起没有了孩子，甭提

---

[1] 文章访谈记录为2013年3月至5月笔者在福建省漳州市开展失独家庭社会工作本土化实践时部分受助父母的访谈。

工作了，连吃饭都觉得没有胃口。觉得干什么事都没有价值。（20130308）

中国人普遍性地缺乏宗教信仰的心灵抚慰与支撑，家庭观念在中国人的人生意义世界里占据非常重要的位置，家庭结构中的核心与希望当属家庭之中的孩子。当重大的失独事件发生在日常生活中时，几乎所有的失独父母都会质疑及重新反思自己的生命观念。也就是说，生命观念与价值取向是在日常生活过程中借力于不同的视角和感受相互碰撞而显现的。如果抽离了日常生活与对话，生命观念与价值就会失去其存在的基础。因为价值并不是个体独有的东西，也不是一群人抽象所拥有的。

第二，失独变故使原本的家庭结构、家庭关系及家庭功能遭受严重破坏。费孝通先生认为，在核心家庭中，孩子在家庭结构中扮演着重要的角色，是家庭结构稳定的基础。其进一步阐述"孩子不但给夫妇双方创造了一个共同的将来的展望，而且把这空洞的将来，具体地表示出来……孩子出生为夫妇双方创造了一件共同的工作，一个共同的希望，一片共同的前途。"潘允康（2010）亦指出："要保证家庭功能的有效发挥，必须维护家庭结构的相对完整和稳定。从结构功能论的角度看，功能与结构是密切相关的。"杨宏伟等（2012）也认为家庭功能的发挥受家庭结构、家庭关系以及家庭生活事件的影响。由于失独重大生活事件的发生，基本上破坏了原本稳定的家庭结构，颠覆了亲密的家庭关系，损害了正常的家庭功能。一些失独者在事情发生后选择闭门不出或者逃离社区，一些失独者在事情发生后相互指责对方在照顾孩子责任方面的缺失，一些失独父亲甚至选择离婚重组家庭丢下无助的失独母亲；等等。

根本无法接受这样的事实，好好的一个三口之家突然变成两个，待在家里几乎没有语言交流，不知道要说什么，我老公整天唉声叹气的。（20130322）

我老婆一直责怪我，指责我没能尽到父亲的责任，平时太忙确实太少陪她们母子，现在失去了才知道什么是最重要的。

> 孩子走了以后,我们最害怕见到社区熟悉的人。现在搬到这个社区大家不熟悉好受一些。他们问起孩子我们就说出国了,顺(随)便应付一下。(20130308)

第三,失独变故使传统的养儿防老成为空话,失独者的养老社会保障陷入困境。曾几何时,"只生一个好,政府来养老"的口号与标语让很多独生子女家庭憧憬今后政府养老的美好生活。但当自己的独生子女突然离世之后,政府社会保障制度的缺位让很多失独家庭不仅承受丧亲之痛,而且面临生病无人签字、无人管,进养老机构缺乏监护人,生活困难求助无门等一系列困境。如何让这些曾为国家的人口控制做出贡献的失独家庭享有较完善的社会保障,显然不是简单的道德问题,而是制度设计问题。

> 真不愿到社区去领这份补助,每次去领都感觉自己的伤疤又一次被揭开。有一次一个社区工作人员还问是不是领那个孩子过世的钱,我恨不得抽她一巴掌。况且一年就那么一点钱,能做什么。(20130411)

> 当初就是响应政府的号召才生一个孩子,我的一些朋友生了两个和三个就好多了。现在才知道自己傻,失去了孩子政府又不管,今后的日子怎么办。生病都找不到一个签字的。(20130411)

第四,失独变故使失独者在社会支持缺失的情形下产生自我封闭、社区逃离和家庭解体。失独的重大事件发生以后,失独家庭的社会生活秩序与社区互动参与遭受严重破坏。一些失独者无法摆脱失去子女的悲伤重新建立起生活的信心与勇气,更没有能力在社区交往中像以前那样从容开心地与邻里朋友进行正常的社会互动。"丧子符号"对失去孩子的父母来说是一种日常社交伤疤,既会引起他们的痛苦回忆,又会造成交往对象的不自在。孤立封闭、迁移逃离社区并中断往常的日常交往成为大多数失独者的无奈选择。一些失独者坦言自己最害怕的就是见到别人带着孩子嬉戏的幸福情境；一些失独者认为节假日几乎无法过，大部分时间都是抱自己孩子的相册或者遗留物追思痛哭；一些失独者觉得自己只能将家庭迁移到无人认识的一个陌生社区；一些失独者在社会支持缺失的情形下无奈选择分手导致家庭解体。

> 平常还好，东躲西藏过日子。碰到节日更加思念失去的孩子，我们现在主要选择到附近的南山寺聚会，听大师讲法，希望在天堂的孩子能感受到父母的思念。（20130304）

> 最受不来社区有些人的目光，好像失去了孩子我们就低人一等。社区也举办过一些活动，但我觉得每次自己参加一次都要再难过一回。（20130411）

在研究中我们发现，对失独家庭父母来说，单凭简单的数据分析无法全面准确呈现失独家庭的基本状态。只有深入到失独群体的日常生活当中，与他们建立比较信任的专业关系，聆听他们的内心故事，才能真切地感知他们的痛楚与困难，评估他们不同的真实需求。一个不争的事实是，失独事件的发生基本上改变甚至摧毁了他们原本平静温馨的日常生活，失独的不幸带给这些头发过早发白的父母太多难以承受的苦难。他们有的选择告别过去开始新的生活，但更多的失独父母选择沉默、逃离与抱怨，选择抱团逐级上访。还有一些失独父母经常性滋生厌世的念头，甚至有个别失独父母流露出报复社会的极端情绪。如何从养老照顾、物质帮助、健康救助、生育关怀、社会支持、情感支持等方面去满足他们的多元化需求？实践证明，社会工作专业介入不失为一个合适而有效的方法。

四 社会工作介入失独家庭重建的本土化探索

下面呈现的是一个社会工作机构服务失独家庭重建的案例。该机构是2012年成立的一个服务单亲家庭、失独家庭及婚姻的家庭辅导机构。该机构依托大学社工，以心理及医学老师为督导，由政府向机构购买社工服务项目开展服务。2013年初，该机构获得市计生协会购买社工服务项目服务失独家庭的资金支持，社工在督导老师的指导下决定开展失独家庭支持性小组活动。活动在区妇联、计生委及社区的支持下招募了6个家庭共10位失独者参与，具体服务工作由2名社会工作师、2名助理社会工作师负责实施。起初，邀请这10位失独者参与活动极为不易。社工们费尽心机去接触他们，或在社区门口等他们，或在菜市场"巧遇"他们，或到单位探访他们，利用闽南人的风俗邀请他们到机构"泡茶"。终于，在10位失独者对机构小组活动的半信半疑中，在社工不断的"泡茶"与聊天中，参与者慢慢地稳定情绪并建立起对社工的信任感。本案例持续3个月，项目结束之后一直有跟踪服务。下面，将具体呈现实践探索过程中失独问题泛化、失独问题外化、生命价值重塑、失独者互助、家庭重建等焦点工作策略。

1. 失独问题泛化策略

在交流与探访中，社工发现几乎所有的失独者都有很强的命理情结。失独的突然变故，改变了他们原有的生活秩序与价值观。面对他人，失独者认为自己是这个世界上最不幸的人，并不停地追究造成失独事件不幸发生的原因。社工并没有急于探究他们的问题症结，而是采取问题泛化策略，鼓励所有的失独者倾诉及分享自己的失独不幸。当他们发现失独者并非只有自己时，社工及时插话："在我国，失独家庭的数量是挺多的，并且每年还有不少失独家庭出现。"在对话中，失独者由于拥有相同的经历或面临相似的问题，通过小组倾诉，他们在宣泄自己情绪的同时逐渐了解了他人的遭遇，逐步产生相似感，进而发展出失独问题的同质性与相似性，培养了一种同舟共济与相互支持的感情，并泛化了自身的失独问题。

> 待在家里，我一直以为自己是最不幸的，真没想到与我们（有）同样遭遇的人还这么多。(20130422)

> 听听别人的话，其实比自己不幸的人还挺多的。我的孩子是救人死的，想想比人家孩子自杀的还好一些。(20130422)

> 跟他们聊天感觉好多了，同病相怜，不像其他人眼神就受不了。(20130422)

2. 失独问题外化策略

失独问题的发生究竟是谁的问题？个人，家庭，社会，政府，谁将为此负责任？一系列问题不断地叩击着失独者的心灵。在小组倾诉中，失独者关于失独过失的责难与反思是最纠结的一个焦点问题，内疚自责的情绪几乎覆盖小组的所有失独者。如何将失独问题责任外化成为社工帮助失独者走出失独阴霾，重拾生活信心的重要环节。社工必须帮助失独者改变认知，了解事物的发生具有必然性与偶然性。社工在让失独者了解人口计划生育政策背景下独生子女风险容易导致失独事件发生的同时，运用叙事治疗方法引导失独者将失独的责任从自己身上移走，意识到失独也是生活的一个组成部分，尤其是意识到失独的突然变故责任并非全在自己身上。这是一种将失独问题客体化的具体方式，即将失独问题变成一个与失独者分开的客体，以致能够为失独者提供一个距离或空间。这样的问题外化过程使失独者逐渐从自责和单方面怪罪他人的不良认知中走出来，甚至能从一个新的领域去理解及反思自己的问题。问题外化之后，失独者普遍倍感轻松，对生活的信心也逐渐增强。

> 孩子走了之后，他父亲一直责怪我那天没能劝住孩子别出门，我自己也非常自责为什么自己没能那么做，要不然他就不会出车祸了。现在社工帮助我认识到事情并不都是自己的错，心里好受一些。（20130510）

> 我们两个都太忙，平时几乎很少陪孩子。原本就商量好计划自己的工作少做一些，准备多陪孩子，没想到机会没了。我真是该死，都怪我！（20130510）

> 我老公从孩子走后就不理我了，说孩子出事的责任全在我，社工帮我分析我老公也是有责任的。我觉得是有道理的，干吗出了事全怪我。（20130510）

失独者困惑的一个重要缘由就是将失独变故的责任都揽到自己身上，亦是将问题内化，自己就是问题，问题就是自己。将问题外化是叙事治疗一个非常重要的概念，叙事治疗创始人米高·怀特（Michael White）指出，我们对事情的看法，包括什么是对、什么是错、什么是好、什么是坏、什么是正常、什么是问题，往往是被社会的权力、文化及制度塑造而成的。既然这样，那么人本身便不是问题，问题才是问题，被视为问题的人只是被问题化了。

3. 生命价值重塑策略

失独的突然变故打破了失独家庭原本稳固的家庭关系与家庭结构，也打碎了失独者原本怀揣的生活梦想与全部希望。在这个无情的重大生活事件影响下，不少失独者产生了厌世情绪，开始质疑生命的全部意义，反思生活的本真，颠覆自身秉持的传统价值信念与价值判断。如何帮助失独者重新认识生命意义与重塑价值信念，在失独之后开始延续自身的生活，是考量社工帮助失独者重建生活秩序与家庭关系的重点。社工通过鼓励失独者给孩子折纸花、祈福及写信，与去世的孩子进行对话，连接失独者与孩子的生命，在对孩子的倾诉中弥合生命的巨大创伤。社工还通过"生命自画像"、寺庙灵性关怀等活动帮助失独者认清死亡是生命的一个归宿，亦是生命的一部分，人最重要的是坚强地活着，失独者坚强地生活就是对早逝孩子最大的告慰。不但如此，看来是负面的失独问题，却可以反映出失独者对生命的渴望和希冀，甚至生存的使命。通过一系列活动，一些失独者重塑了生命价值观，重拾了生活信心，脸上开始有了久违的笑容。

> 我把对孩子的思念都写到信里，我相信他在天堂是会听到的。我还告诉他家里发生的很多事，希望他在那里也会过得很好。（20130510）

> 想想也是，我们的生活还得继续，我们最终都得走，无非是孩子比我们早走。（20130422）

> 社工告诉我，孩子并没有走，孩子去了两个地方，一是去天堂，我可以放心；一是在心里，我随时可以感受到。（20130510）

4. 失独者互助小组策略

失独者支持性小组并非要社工干涉或引领失独者的生活与选择，其目的是通过小组的支持性行动使失独者以自己的力量与智慧来解决自己的问题。失独者因为相同的生活难题走到一起，就必须相互理解、相互包容、相互尊重、相互搀扶，最后实现共同成长。为了达到这个目标，社工推动成立一个由失独者担任领导的互助团体——"携爱家园"，在"携爱家园"里，所有的组织骨干都是失独者，社工负责培训他们自我心理调整技巧和社工辅导方法，他们参与社工活动的策划与组织，负责挑选失独特困家庭并上门扶助。为加强互助组织的能力建设，社工一方面鼓励失独者在生日和节假日的时候共同庆祝，激励失独者有困难时提出来与组员共享，建构失独者风雨同舟的互助团队。另一方面引领失独者走进社区，参与社会帮扶行动，担任失独者帮扶志愿者，用自己的经历与勇气帮助新的失独者。在参与社会帮扶行动与志愿服务中，组员获得了成就感和自我实现感，增强了团体能力和彼此互助。

> 真没想到，原以为自己已经是一个没用的人，参加这个活动，觉得自己还是有用的，我帮助的那个失独家庭对我很信任。（20130510）

> 我们大家因为相同的命运走到一起，彼此很相信很宽容，真的很好，觉得很温暖。（20130510）

"携爱家园"互助组织的建立使失独者体会到抱团取暖的温情，社工通过"携爱家园"的平台赋予失独者自己应对困境和重建家庭的能力。失独群体互助组织的建立不仅可以延续社工的专业服务，也契合了社会工作的赋权及能力建设视角。赋权概念自1976年被所罗门（Solomon）提出以后已经成为激进社会工作发展与实践中一种极富吸引力的工作方法。在"携爱家园"互助小组里，社工针对失独者的赋权主要分为三个层次进行：一是从个人层面让失独者感觉到自己有能力去影响或解决问题；二是从人际层面推动失独者群体互动，并促成他们分享解决问题的经验；三是从社会政策及制度层面倡导社会政策的出台及完善（Lee, 2001）。

5. 推动社会政策出台帮扶家庭重建策略

通过一系列针对失独家庭的深入访谈、小组辅导、社区参与等活动，社工深知帮助破碎的失独家庭实现家庭重建是自身的专业使命，同时对于失独家庭群体在研究过程中敢于分享自身失独创伤经验心存感激。无论如何，社工的目的之一就是失独者都必须从失独的家庭变故中走出来，重新梳理没有孩子的家庭生活该如何打理。社工发现，众多失独家庭尽管存在相似的境遇，但各家的具体情形却不同。有的家庭失独者已夫妻离异，必须要面对独身或再婚的抉择；有的年纪尚轻，很想试试可不可以再要孩子，或者到孤儿院领养孩子；有的失独者夫妻关系紧张，彼此隔离，必须对他们进行家庭辅导；有的失独者年事已高，面临养老照顾的困境；等等。因此，社工必须在对失独者进行需求评估的基础上，对不同的失独者进行分类辅导。对于需要物质支持的，利用社区和社会政策进行经济援助；对于适合再生育的，引导计生部门进行援助，放宽失独者的领养限制，倡导政府培育社会公益组织开展针对失独者的各类活动。总之，倡导政府出台更加详细有效的帮扶失独家庭社会政策是核心关键。

2014 年 2 月，在计生协会、社工组织及参与研究失独家庭群体的研究者的共同努力下，研究所在地政府出台了迄今为止国内最完善的帮扶失独家庭社会政策：《漳州市关于进一步加强计划生育特殊家庭扶助工作的意见》（以下简称《意见》），目的是在国家相关政策的基础上建立健全地方失独家庭扶助体系。在经济及生产上，提高失独家庭扶助标准，规定从 2014 年起，将年满 49 周岁的失独父母特扶金提高至每人每月 1000 元，属于低保户的失独家庭每人每月 1300 元，并且开创性地将享受特扶金的失独父母年龄降低至 40 周岁（每人每月 500 元）。同时规定，发生失独变故的家庭可以从政府征收的社会抚养费中领取一次性紧急救助 2 万元。对于失独家庭创业面临的困境，政府给予小额贴息贷款、创业基金扶持等政策倾斜。在生育及生活照顾方面，对有生育能力或生育意愿的失独家庭，政府给予一次性的不低于 1000 元的人工辅助生育补助，采用试管婴儿辅助生育的，给予一次性的不低于 2 万元的补助。鼓励不能再生育的夫妻依法收养子女，优先安排收养福利机构的儿童。对 60 岁以上失去生活能力的失独家庭夫妇，符合"三无老人"条件的，免费入住公办养老机构。在社区居家养老的失能老人，每人每月享受500元护理费。《意见》还从医疗救助、住房改善、丧葬费用补助、法律援助、公共交通补助、政府购买社工服务、志愿者帮扶等多个层面构建失独家庭扶助体系。参与研究的社工、失独家庭群体均对《意见》的出台深感喜悦，社区群众亦对《意见》的实施反响极好。

五 建构适合失独家庭的中国本土性实务模式

从以上呈现的社会工作介入失独家庭实践分析，尤其是从服务效果可以看出，社会工作的价值、理念与方法可以为失独家庭的生活秩序与家庭重建做出特殊的贡献，失独家庭的社会工作介入可以丰富和发展国际社会工作理论与实务。如何建构适合失独家庭中国本土化的实务模式是笔者从事本项研究一直思考和反思的问题。

第一，政府应承担起帮助失独家庭实现家庭重建的主要责任。前面已经分析过，失独家庭问题并非一个道德问题，而是一个制度问题。失独家庭响应政府计划生育政策，后遭遇失子之殇的重大生活事件，政府应出台更加具体务实的政策来维护失独者的正常生活。如出台更加务实的可操作性的养老政策和医疗保障政策，完善针对失独家庭的扶助政策体系，明晰政府各部门在帮扶失独家庭过程中的具体责任，培育和扶持民间社会公益组织采取帮助失独家庭的行动，加强对失独家庭的分类辅导等。

第二，引入社工组织加强对失独家庭实现家庭重建的专业介入。社会工作经过几十年的探索与发展，在我国的很多地区，如上海、广州、深圳等地已经形成了比较有特色的专业介入领域及本土化模式。政府应在向社工机构购买服务的过程中加大设置针对失独家庭帮扶项目的力度，激励社工服务机构在失独家庭帮扶中探索本土化的卓有成效的社会工作服务模式，培育更多的资深社工、专门督导，汇集帮扶失独家庭经验，设置针对失独家庭的科学研究项目。让失独者在被帮扶过程中得到更加专业和更有针对性且贴切的服务。

第三，建构适合失独家庭的中国本土化实务模式。在帮扶失独家庭的社会工作实践中，笔者深切地感受到中国传统文化与西方社会工作价值理念的契合与阻抗。应探索西方社会工作服务模式与中国传统文化如何进行对话，如有些失独者认为失独是家事，家丑不能外扬，自己的事情应自己承受等观念与社会工作的助人行动有一定冲突。不过当失独者从帮助他人的过程中获得价值感的时候，中国传统文化的邻里互助精神又发挥着重要作用。因此，应该激励社工在失独家庭的专业实务领域引入中国传统文化的积极元素，建构中国本土化的适合失独家庭实务模式。

参考文献

王广州、郭志刚（2008）："对伤残死亡独生子女母亲人数的初步测算"，《中国人口科学》，第1期。
周静（2012）："'失独家庭'，谁来抚平你的伤痛"，《法律与生活》，第14期。
易富贤（2007）：《大国空巢》，香港：大风出版社。
洪娜（2011）："独生子女不幸死亡家庭特征对完善计生工作的启示——以苏州市吴中区为例"，《南方人口》，第26期。
王秀银等（2001）："一个值得关注的社会问题——大龄独生子女意外伤亡"，《中国人口科学》，第6期。
张丽（2012）："中国失去独生子女家庭超百万"，《浙江日报》，7月25日。
穆光宗（2009）："独生子女家庭的权益保障与风险规避问题"，《南方论丛》，第3期。
柳志艳（2012）："勇敢地生活下去——呼唤社会关注失独群体"，《学理论》，第2期。
赵仲杰（2009）："城市独生子女伤残、死亡给其父母带来的困境及对策"，《南京人口管理干部学院学报》，第2期。
南菁、黄鹂（2013）："我国失独家庭现状及帮扶对策研究述评"，《合肥学院学报》，第2期。
童敏（2013）："社会工作的科学性与价值因素"，《社会》，第11期。
费孝通（1981）：《生育制度》，天津：天津人民出版社。
潘允康（2010）："试论费孝通的家庭社会学思想和理论"，《天津社会科学》，第2期。
陈向明（2000）：《质的研究方法与社会科学研究》，北京：教育科学出版社。
龙迪（2007）："社会工作研究中的关怀、勇气和智慧"，《中国社会工作研究》，第5期。
杨宏伟、汪闻涛（2012）："失独家庭的缺失与重构"，《重庆社会科学》，第11期。
王宁、刘珍（2012）："失去独生子女家庭的社会互动与组织参与"，《华中师范大学研究生学报》，第12期。
马凤芝（2002）："定性研究与社会工作研究"，《中国社会工作研究》，第1期。
何雪松（2007）：《社会工作理论》，上海：上海人民出版社。

列小慧（2005）：《叙事从家庭开始》，香港：突破出版社。
Konopka, G. (1983). *Social Group Work: A helping process.* Englewood Cliffs NJ: Prentice Hall.
Gergen, K. J. (1994). *Realities and Relationship: Soundings in Social Constructionsism,* Cambridge. MA: Harward University Press.
Northen, H. (1987). "Selection of Groupwork Modality of Pratice", *Social Group Work Competence and Values in Practice,* edited by J. Lasner, K. Powell & E. Ginnegan. New York: The Haworth Press. pp. 19 – 33.
Lee, J. A. B. (2001). *The Empowerment Approach to Social Work Practice: Building the Beloved Community.* Columbia University Press.

Pain Owing to Losing a Child: The Localization of Social Work Interventions in the Reconstruction of Family Who Has Lost the Only Child

Yaoming Huang

(Minnan Normal University)

Abstract: Family who lost the only child belongs to the social phenomenon and social problem which has its characteristic, sudden accident will extremely hit the one-child family which is risky. How to make the lost-only-child family when their value has lost or desperate to restore, and how to help the lost-only-child family facing family breakdown to reconstruct, that obviously is the key to rebuild life confidence of the lost-only-child family. When social policy has not been perfectly detailed, social work that has the unique professional concept, method and skill, can play a special role in localization of exploration on value reshape and reconstruction of the lost-only-child family.

Key words: social work, localization, the lost-only-child family, family reconstruction

就业促进/社会融合促进：
贫困单亲母亲服务需求研究[*]

——以南京市 K 区"彩虹项目"为例

南京邮电大学人文学院社会工作系 崔效辉

南京师范大学社会发展学院 杜景珍

摘　要　贫困单亲母亲是一个特殊的困难人群，这个人群不仅存在着物质的贫困，同时也深受精神贫困的困扰。调查表明这个人群就业率低、就业质量不高、社会支持网络缺乏、自我评价低、感觉到比较严重的社会歧视与社会疏离。南京市 K 区妇联通过购买服务方式尝试改善目标人群就业，同时扩大其社会支持网络。经过一年的努力，项目达到了预期成效。该项目证明社会工作在就业促进、改善人际关系、扩大社会支持网络等方面能够为目标人群提供有价值的服务。

关键词　贫困单亲母亲　社会小组工作　就业改善　社会支持

贫困单亲母亲是一个相对比例不高，但绝对人数较多的特殊群体，在本研究中，"贫困单亲母亲"是指没有就业或就业质量低、家

---

[*] 南京市玄武区同仁社工事务所承接了南京市 K 区妇联的"彩虹桥幸福路——K 区贫困单亲母亲就业改善"项目，南京市玄武区同仁社工事务所是由南京邮电大学、南京师范大学、南京大学等高校的专业教师联合发起成立的社会公益组织。

庭收入明显低于当地正常家庭收入,但未被纳入城市最低生活保障、与未成年子女生活在一起丧偶或离异的女性,这样的母亲及其子女组成的家庭是被称为"低保边缘家庭"或"低保边缘户"的一个组成部分。

一 相关的研究及问题的提出

(一) 相关的研究

单亲母亲家庭就是由离婚、丧偶、未婚妈妈等原因形成的由只有母亲和未成年子女组成的家庭。在有关家庭研究文献中,单亲母亲及其家庭的研究文献并不多,研究贫困单亲母亲及其家庭的文献就更少。已有的关于单亲家庭研究的文献主要集中于以下几个方面。

1. 单亲家庭的现状

这些文献主要揭示单亲母亲及其家庭的生存现状。中国的单亲家庭数量在快速增长,总计有 800 万以上,其中绝大部分是单亲母亲和孩子组成的家庭。这个庞大的群体从整体上来看,存在单亲母亲就业质量低、收入低、身心健康水平低、抗风险能力弱、其子女易陷入贫困、贫困的代际传递比较明显的特点。也有研究者称这个群体因生活负担沉重、健康状况不佳、心理压力大、对生活质量评价低、主观幸福感差而成为"弱势群体中的弱者"。大部分贫困的单亲母亲在经济、就业、住房、情感、健康、亲子教育、社区参与等方面都存在困扰。研究文献也表明这个群体的心理困扰比较大,单亲母亲感受到的社会尊重、支持、理解的情绪体验和满意程度都低于双亲家庭母亲。单亲母亲普遍面临子女教育与就业的压力,单亲母亲的主要担忧是孩子长大后的就业问题、经济困难以及孩子的教育问题,还有个人情感孤独、婚姻阴影、再婚问题等。

2. 单亲家庭贫困的原因及社会救助政策

单亲家庭是多元家庭形态中的一种,其数量呈现快速增长趋势。因为"单身"而深陷贫困则是一种社会结构性贫困,单亲母亲家庭是单亲家庭的主体,也是目前增长最快的生活贫困的群体,反映了"贫困女性化"的世界趋势。由于传统社会分工及其性别不平等的原因,女性同男性相比在工作的连续性、技能和经验等方面存在一些差别，因为女性承担了更多的家务劳动、养育孩子、照料生病的亲属等家庭义务，而这些义务则一直被社会划归为女性的义务。所以，并非女性不愿从事待遇较好的工作，而是传统的、不平等的性别角色规范妨碍着她们，使她们无法享有同男子同等的机会和待遇。正是因为这种社会结构性原因，发达国家多把单亲贫困家庭视为需要专门政策帮助的对象而给予全方位的帮助。对单亲家庭的帮助，既包括经济方面，又包括社会心理等方面。这些国家并不把单亲家庭视为问题家庭，单亲家庭的子女，从小即能了解自己的处境并将此视为正常。

单亲家庭作为多元家庭形态中的一种，其在中国的出现和增长趋势已经成为一个具有规律性和普遍性的社会现象，但是，公众及相关的社会政策还没有将单亲家庭作为一种正常的家庭形式来对待，专门面向单亲贫困母亲及其家庭的政策还很少。有研究者呼吁要完善社会保障与救助体系来帮助这个群体。也有研究者主张扩大社会保险覆盖面、发展社会救助与社会福利、建构支持家庭的社会政策以及在公共领域中引入社会性别的观点等来帮助单亲母亲这个群体。

3. 单亲家庭的社会服务

在中国大陆地区为单亲母亲提供的专业社会服务首推中华女子学院李洪涛教授 2007 年主持的、在北京崇文区妇联支持下开展的"单亲母亲支持小组"。该小组试图以社会工作助人自助的理念与方法，赋权单亲母亲、对单亲母亲们原有的婚姻、家庭及自我概念进行扰动与清理，输入新的知识与信息，与她们共同分析、探讨、整合，力求建立起新时期单亲家庭所需的健康观念，学习单亲生活所需的知识，增强其能力。近年来面向贫困单亲母亲及其家庭的服务项目有所增加。袁继红 2007 年在长沙开办过"单亲母亲工作坊"，实质上是尝试以社会小组工作方法服务于单亲母亲。近年也出现了以社会工作的专业方法服务单亲母亲家庭的公益项目，这种公益性的社会工作服务项目首先认为每个家庭蕴藏着不可低估的能量和资源，相信家庭拥有解决自身问题的能力及潜能。其次，它不把困难和问题视为单亲母亲个人的问题，而是看作整个家庭、成员互动上的问题，强调从增强家庭的整体社会功能上给予帮助，发掘和整合家庭及社会资源。再次，在实际介入解决家庭问题时，社会工作者用专业的方法技巧，如个案工作、小组工作、社区工作等，为单亲母亲家庭提供新的服务。面向单亲贫困家庭的青少年服务也已经在尝试，类似的面向贫困单亲母亲及其子女的社会工作专业服务项目，其成效值得肯定。广州等地试行的"家庭综合服务中心"也把"家庭（妇女、儿童）"作为其主要服务对象，其中单亲家庭也是其家庭服务的主要对象之一。

（二）问题的提出

南京市 K 区是南京的郊区，有城区街道、城乡混合街道，也有以农村为主要形态的街道（刚由镇改为街道），全区共辖 8 个街道，常住人口 70 余万，其中户籍人口 56 万多人，是近年来大城市快速扩张造成的一种典型城乡混合区。K 区有单亲母亲 2000 多人，其中家庭贫困但并不能享受南京市城市居民最低生活保障政策的超过 200 人。近年来，如何帮助身处贫困边缘的单亲母亲及其家庭成为当地政府、妇联、社区及社会组织关注的议题。K 区的民政局、街道、社区、妇联等都在各自的工作领域内试图帮助这个群体。2013 年初 K 区妇联尝试以项目化运作的方式，把"K 区贫困单亲母亲就业促进"作为一个社会工作服务项目，委托给社会组织来实施。

南京市玄武区同仁社工事务所经过与 K 区妇联的反复磋商，承接了"K 区贫困单亲母亲就业促进"项目，首期项目为期一年，项目自 2013 年 1 月 1 日起至 2013 年 12 月 31 日。项目的服务对象为 K 区五个（项目启动后改为四个）城区街道内的贫困单亲母亲。就贫困单亲母亲而言，项目目标聚焦于两个方面，一是促进就业、增加收入，为没有就业或就业质量低而准备换工作的贫困单亲母亲提供找工作、换工作的服务；二是以社会小组的形式为这个群体提供服务，主要是帮助其扩展社会支持网络、学会应对家庭人际关系、学会自我支持与自我服务。项目还致力于把社会工作的理念与方法引入到妇联工作中来，提升妇联工作者的社会服务项目化运作能力，这也是项目的重要目标之一。为了了解目标人群的服务需求、提升服务效益，南京市同仁社工事务所以问卷、座谈和访谈的形式对 K 区的目标人群服务需求进行了专项调查。

二 贫困单亲母亲服务需求的调查与结论

项目工作者主要通过问卷调查、座谈、访谈等形式了解目标人群的服务需求，在项目的就业辅导活动及社会小组工作方法培训活动中，项目工作者能够进一步了解服务对象的服务需求。

（一）调查方法

1. 问卷调查

在 K 区妇联、各街道妇联协助下，利用已经掌握的单亲母亲的资料，把 K 区 8 个街道的单亲母亲分别组织起来，进行问卷调查，共发放问卷 120 份，收回有效问卷 111 份。

2. 座谈会

在 8 个街道分别召开由单亲母亲参加的座谈会，参加座谈会的单亲母亲共有 93 人，参加座谈会的人也接受了问卷调查。

3. 个案访谈

在整理问卷数据和座谈资料后，项目方认为有必要对服务范围做出调整，经过与 K 区妇联的充分协商，征得其同意，项目方决定把第一期的服务范围局限在便于开展服务的 4 个主城区街道，并对 K 区 4 个主城区街道的单亲母亲进行了比较深入的电话访谈或面谈，共访谈 43 人，完成了 43 份个案访谈记录。

4. 与区、街道、社区的妇联工作者座谈

项目工作者与各级妇联工作者进行了多次座谈，了解妇联在服务贫困单亲母亲方面已经开展的各种服务、取得的成效及存在的问题。

（二）调查结论

1. 问卷调查数据分析

被访者年龄以 33～54 岁为主，单身原因以丧偶为主（离婚导致单身的占全部被访者的四分之一）；被访者自我评价的健康水平偏低（自我评价健康状况"不太好"和"很差"两项合计达被访者的 37.8%）；被访者的受教育程度以小学、初中为主。

被访者大部分有工作，占被访者的近六成，但工作的稳定性、保障性差，工资收入明显偏低，月收入① 1000 元以下的占被访者的 54%；被访者就业质量也偏低，其表现是全职工作比例低，占被访者的 37.8%；签署劳动合同的比例低，占被访者的 44.3%；每周工作日多及每天工作时间长，其中每天工作 8 个小时以上的被访者超过了全体就业被访者的 1/3。

被访者的生活态度比较消极，对求助有过不愉快感觉的比例高，求助感觉"不太好"和"很差、不堪回首"两项合计占被访者的 28%；社会支持主要来自"家人""亲戚"，其次才是"政府""妇联"与"社区"。

被访者愿意参加单亲母亲小组的比例高，"有必要"和"很有必要"两项合计占 6.66%，其感兴趣的主题主要是如何改善亲子关系（17.8%）、提高孩子的成绩（17.4%）及如何找到好工作（29.7%）。

2. 座谈会综述

座谈会的主要目的是想了解被访者的就业现状、就业主观意愿与要求，被访者的家庭生活及是否愿意参加社会活动，这些问题在问卷中也有涉及，座谈会收集的这部分资料是对定量资料的补充。

（1）就业的现状、就业意愿与要求

在参加座谈会的单亲母亲中，有超过一半的人正在工作，城乡街道略有差异，以农村为主要形态的街道其单亲母亲就业率更高一些。在有工作的单亲母亲中，全职工作约占 4 成，零工和临时工约占 6 成。工资收入多在 1300~1500 元/月，少部分人月收入可以达 2000 元以上，在扣除社会保险后，大多数人只能拿到 1000 多元。在目前没有工作的单亲母亲中，除"找不到工作"这个原因外，还有"要照顾孩子""身体不好、无法工作"等原因，这些被访者希望能够有适合自己的工作，或是在孩子年龄稍大后找工作。

有工作的单亲母亲对目前工作的满意度很低，主要原因是工资低、工作的稳定性差、工作时间长。希望能够改善自己的就业现状，每月能够拿到 1500~2000 元（扣除社会保险以后），工作比较稳定，能够

---

① 在与服务对象的交流中，项目工作人员了解到参与调查的对象把每个月自己能够拿到手的钱视为自己的收入，也就是说，这里的月收入是扣除社会保险（如果有的话）以后的收入。

有时间照顾家人与孩子。关于就业的主观愿望，除工作稳定、收入比较高这些要求以外，被访者还希望工作地离家不要太远、工作时间比较规律且不能有太多的加班，同时也希望有一个比较好的工作环境。

对于妇联提供的就业培训，大部分没有工作的被访者表示愿意参加，但她们对培训时间有特定要求，希望安排在周六、周日，主要因为有孩子需要照顾。她们希望培训能考虑到她们的情况，在经过培训后能找到适合自己的工作。一些被访者希望培训能够实用、有用，（技术性）不能太复杂，否则自己学不了。有人对烹饪、电脑、机械操作、编织工艺、花艺等有兴趣。

（2）家庭生活的一般状况

被访者的孩子年龄差异大，从学龄前到已经成年的都有，孩子的年龄多集中在义务教育阶段（小学及初中）。大部分被访者比较满意自己与家人、亲戚的关系，有些被访者认为自己有亲密的朋友。有部分被访者不知道如何与孩子相处、不知道如何帮助孩子提高成绩、不知道如何教育孩子应对社会的复杂情况。也有被访者反映自己的收入无法承担孩子的教育费用。被访者平时的主要精力放在工作、照顾孩子上，很少有闲暇、娱乐的时间。

（3）参与社会小组活动的意愿

对于职业技能培训、交流和小组活动，单亲母亲主观上都是比较愿意参加的，但大多数人担心自己没有时间参加小组活动。她们希望活动的内容围绕如何提高孩子的学习成绩、如何与孩子更好地相处、如何增强人际沟通能力、如何帮助她们找到更好的工作岗位，等等。

关于小组活动的时间与频率，大部分被访者认为周末是比较合适的时间，同时她们觉得小组活动半个月进行一次比较好，活动尽量能够把时间控制在一个小时之内，每次小组活动的时间不能太长，不能耽误她们上班和做家务，活动地点要靠近她们居住的社区。

3. 个案访谈中的新发现

在问卷调查和座谈之后，项目组又对其中的部分服务对象进行了访谈，共成功访谈43人，其中面谈16人，电话访谈27人。与问卷调查和座谈相比，访谈能了解到被访者个人的就业、收入、亲子关系、社会支持等多方面比较具体的情况，弥补了问卷调查数据和座谈会能"认知总体"但对具体个体缺乏了解的缺陷。

在个案访谈中发现了三个街道中 7 位需要专门辅导的服务对象，她们面临的困扰主要集中在丧偶悲痛、离异、孩子离世、贫困、家庭人际关系恶劣等方面（见表1）。无论是就业改善或是参加小组活动，这些单亲母亲都需要摆脱目前的困扰。在经过项目团队讨论、与 K 区妇联协商后，项目方决定增加"个案辅导"的服务内容，由项目团队中的 4 位长期从事社工教学及社会服务的女教师对这 7 位贫困单亲母亲进行个案辅导。

表 1　需要个案辅导的贫困单亲母亲

编号	面临的主要困扰	街道
个案 1	因丧偶而引发长时间无法克服的悲伤	T 街道 Z 社区
个案 2	孩子出生残疾、去世，离婚	S 街道 S 社区
个案 3	丧偶引发悲伤，无法得到家人的关爱	S 街道 L 社区
个案 4	离异、工作不稳定、经济比较困难	S 街道 P 社区
个案 5	丧偶、贫困、亲子关系恶劣	S 街道 L 社区
个案 6	离异、再婚、亲子关系恶劣	Y 街道 N 社区
个案 7	孩子人格偏差，需要矫正	Y 街道 Q 社区

三　项目设计

按照 K 区妇联的设想，"彩虹项目"主要为 K 区贫困单亲母亲提供就业支持——帮助没有就业但有就业意愿和就业能力的服务对象"找工作"，帮助已经就业但就业质量低的服务对象"换工作"。于是，项目被命名为"彩虹桥幸福路——K 区贫困单亲母亲就业改善"。

（一）项目受益人群

项目服务的目标人群是职业不稳定、收入低、社会支持系统比较缺乏，但是还不能享受城市居民最低生活保障政策、身处贫困边缘的单亲母亲群体，通过前期调查，在浦口区这个群体有 200 多人。

项目的直接受益人群是家人，包括单亲母亲的孩子（其中未成年孩子 108 人）、父母、兄弟姐妹等直系亲属及邻居、朋友。

项目的间接受益人群是区、街道、社区妇联工作者及社区工作者、基层社会组织的工作人员、社区志愿者。在项目运作过程中，区、街道的妇联工作人员将参与项目调查、培训、项目督导，在了解社会工作理念与方法的同时，逐步掌握社会服务项目的开发、立项、督导、评估等工作技能。

（二）项目目标

1. 具体目标是：

① 项目覆盖目标人群的就业率得到提升；

② 已经就业的被服务对象的收入增加；

③ 服务对象的就业稳定性增加；

④ 自信心提升和人际关系能力建设。通过项目服务，在改善就业、增加收入的同时，改善亲子关系、邻里关系，建构新的社会支持网络，增强服务对象生活的信心以及对未来生活的乐观预期。

2. 长远目标是：

① 精神面貌的改善及心理归属感的增强。项目在为该群体提供就业改善机会、资源的同时，建构一个面向该群体的支持系统（主要是依托各街道的妇女组织，支持这个群体自我组织、自我鼓励与支持）。

② 更多的社会参与。该项目通过激发单亲母亲自身的潜能、支持她们自我组织与自我服务来改变这个群体的精神面貌，支持这个群体依托各街道、社区、基层妇联和其他社会组织积极参与社会事务，共享经济与社会发展成果。

③ 把社会工作的理念与方法引入妇联工作中，探索项目化提供服务的方式，培养妇联工作者的专业服务能力，开创新时期妇联工作的新局面。

（三）主要服务内容

职业能力培训。根据调查结论针对这个群体的不同需求，可以设计几种不同的培训方案，以便满足各种不同的需要。

就业岗位开发与定向招聘。项目对浦口区适合单亲母亲就业的岗位进行梳理、开发，针对不同的就业岗位，设计有针对性的培训内容，增强单亲母亲在就业竞争中的能力。区妇联、各街道妇联积极利用现有就业政策，争取一定数量的公益性就业岗位面向单亲母亲群体。

单亲母亲社会小组活动。单亲母亲以各街道为单位，分成若干小组（人数多的街道可分成两个小组），在项目支持下各小组定期开展小组活动，小组活动的内容可以是交流就业信息、职业经验，也可以是亲子关系改善、人际交往能力提升等，也可以以社会小组的形式开展联谊活动，等等。

个案辅导。对需要辅导的 7 个对象进行辅导。

社区联谊活动。为服务对象提供郊游、联谊等社区性的服务。

四 社会工作的介入及其成效

K 区妇联认为，服务对象存在就业改善需求。调查结论也证明了这个人群的就业比例低、就业质量差、收入低。

（一）就业辅导、技能培训与定向招聘

在四个街道全部的 86 名单亲母亲中，需要就业帮助的近 30 人，其中需要"找工作"的 7 人，需要"换工作"的 20 人。项目为服务对象进行 3 次就业辅导、2 次技能培训，帮助 10 位服务对象获得了刮痧资格证书，组织了两场专门面向服务对象的定向招聘活动，第一次有 4 家企业提供 15 个就业岗位，第二次有 20 家企业提供超过 60 个全职岗位和兼职岗位。项目帮助 5 位服务对象实现就业、帮助 12 位服务对象改换了工作、帮助 6 位服务对象获得了兼职工作机会、帮助 10 位服务对象获得了职业资格证书，其余的服务对象也不同程度地从就业辅导与就业培训中受益。项目改善目标人群就业、增加收入、提升就业稳定性和保障性的目标基本实现。

（二）特殊个案的辅导

经过大半年的一对一的辅导，7 名被辅导的服务对象中有 6 人的状况发生了不同程度的改善或改变，只有 1 人在经过多次辅导后，未见到明显的成效。目前被辅导者（1 人除外）都能积极参与项目的各种活动，与辅导老师也保持着联系。

（三）社会小组活动及社会支持网络建设

在两个街道开展社会小组活动，每个小组举办了 8 次活动，每个

小组有 8~10 人参加。参加小组活动的人群的内部交往增多，个体之间的相互鼓励、相互支持增多。参加小组活动的服务对象有了群体意识与群体归属感。当得知项目一期即将结束时，不少服务对象发出了"我们这个家不能散"的呼声。

（四）项目孵化出服务对象自我组织、自我服务的机构

一期项目结束前，在各方的支持下，服务对象在 K 区民政局登记注册了"彩虹家园社会工作服务中心"，这成为单亲母亲自我组织、自我服务的组织。同仁社工事务所辅导该组织申报并获得了 K 区社会组织培育发展种子基金（1 万元）的资助，辅导该组织申报 2014 年度 K 区公益创投项目并中标（项目内容是单亲母亲的自我服务，项目金额 7 万元）。机构负责人经常参与 K 区社会组织培育中心举办的各种培训。

（五）妇联工作者的服务能力，尤其是项目化运作能力得到提升

区、街道、社区妇联工作者在项目运作期间，参与了服务对象需求调查、社会小组工作方法培训，跟踪并为项目提供各种支持，见证了社会工作理念及方法在妇女、家庭服务中的专业优势，初步掌握了以项目化方式来提供服务的方法。

（六）项目影响扩大

项目初步成果受到地方多种媒体的报道，K 区政府也肯定了妇联以项目化方式委托社工专业组织提供服务的做法，南京市妇联也组织各区妇联观摩、学习 K 区妇联的工作经验，并决定在全市妇联系统推广。《中国妇女报》以"彩虹桥为贫困单亲母亲就业铺就幸福路"为题进行了专题报道（2013 年 8 月 26 日）。该项目参加 2013 年 8 月在深圳举行的第二届中国公益慈善博览会创意类项目大赛，获得铜奖，并获得 4 万元公益资助金。K 区妇联负责人将以人大代表的身份向即将召开的 K 区人大会议提交以"关于为贫困单亲母亲补贴就业社会保险"为题的议案。

五 项目带来的思考——贫困单亲母亲需要什么样的服务？

（一）贫困单亲母亲需要什么样的就业帮助？

妇联在设计项目时，把项目目标聚焦于"就业改善"，从项目名称就可以看出来，"物质贫困"是这个人群的共同特征，改善其物质贫困状态也就成为项目的核心目标。贫困直观地表现为物质贫困，但贫困还包括社会关系和情感的多重匮乏，也可以说是社会资本的综合匮乏。贫困作为一种社会现象是多种因素共同作用的后果，对一个群体，乃至一个个体而言，导致贫困的原因都是复杂的。在反贫困的行动中多种手段的组合使用已经被广泛认可。

"彩虹项目"聚焦于目标人群的就业促进，但问题是能否在克服贫困的过程中忽视社会关系、情感因素而单独解决贫困问题呢？也就是说，在类似的项目中，是否可以不顾及就业以外的因素而单独促进目标人群的就业，帮助其增加收入，进而提升其社会福利水平呢？

项目团队在与 K 区妇联讨论项目设计时，妇联坚持要把项目命名为"就业改善"，而且坚持认为，项目的核心内容是两个方面：一是帮助目标人群"找工作"，即帮助没有就业，但有就业意愿和有就业能力的服务对象寻找工作岗位；二是帮助目标人群"换工作"，即帮助目前已经就业，但就业质量低的服务对象"更换就业岗位"。就业质量低主要是指收入低、岗位稳定性差、保障性差等。鉴于已有的认知与经验，承接项目的团队认为，为了促进就业，还需要多种相关的服务，这些服务主要是目标群体的情绪改善、心理压力缓解、自信心提升、人际关系改善、社会支持网络建设等。因此，在项目服务内容方面，除就业培训、就业辅导及定向招聘等就业改善服务以外，还需要对目标人群中的某些个体进行专门的辅导，举办目标人群参与的社会小组活动、亲子活动与社区活动。经多次协商、讨论，K 区妇联虽然仍然认为项目团队新增的这些服务内容很"虚"，但是作为妥协，还是同意并支持项目团队开展这些服务。

该项目直接的服务人群是四个主城区街道的贫困单亲母亲,有86人,其中目前没有就业的15人,在这15人中需要"找工作"服务的7人,已经实现就业。项目结束时,就业促进的成效是帮助5位服务对象获得工作岗位,其中1位服务对象在获得工作岗位几个月后辞职,目前正在考虑和朋友一起创业;帮助12位服务对象改换了就业岗位;帮助6位服务对象获得兼职岗位,每月增加兼职收入300～500元;帮助10位服务对象获得刮痧职业资格证书。总体上看,项目就业改善的目标基本实现。但是,除获得刮痧资格证书的10位服务对象外,其余的就业改善"成效"并非都可视为项目成效,因为这个人群就业变动较为频繁,即使没有项目提供的服务,在一年的时间里,这个人群也会有人找到工作,也会有人改换工作。

项目团队组织了针对目标人群的就业辅导,聘请有关就业促进机构对服务对象进行技能培训、应聘技巧培训。项目还组织了针对服务对象的小型招聘会,但成效甚微。其中一次室内小型招聘会,有24位服务对象参加,参加招聘会的4家企业分别是房产中介公司、电动车销售企业、大型餐饮企业、大型超市。企业的招聘工作人员现场回答了服务对象的提问,明确了工作岗位、工作时间、地点、工资收入、社会保险等,有10多人现场填写了就业意向书。但是,半个月后的追踪调查发现,没有1位服务对象在这场招聘会上实现找工作或换工作的目标。

在项目结束前的一个多月,项目团队与地方人力与劳动保障部门、K区妇联合作,举办了一个大型招聘会,招聘会面向单亲母亲但不仅限于单亲母亲,参与现场招聘的企业超过40家,提供的工作岗位超过100个,但后来的跟踪调查显示,大型招聘会的成效依然有限。从就业促进成效来看,不管是小型的室内招聘会,还是大型的室外招聘会都收效甚微。也就是说,对目标人群来说,并不缺乏就业岗位,而是缺乏"合适"的就业岗位。"合适"的就业岗位包括合适的工作地点、合适的工作时间及合适的薪酬等。由于部分单亲母亲需要照顾未成年孩子、需要照顾老人,对就业时间要求也比较苛刻,餐饮企业一般无法满足这样的就业要求,一些销售企业需要周六、周日上班,这对单亲母亲来说,也是难以接受的。

缺乏男性的单亲家庭,其收入主要依赖女性,这导致单亲母亲对低工资的容忍程度远远低于双亲家庭中的女性,但是,单亲母亲在就业时所受到的限制要远远多于非单亲家庭中的女性。能够满足其工作时间、地点、工资水平要求的就业岗位对单亲母亲们来说少之又少,并且单亲母亲要在劳动力市场上与非单亲家庭的女性、农村进城务工的女性竞争同样的就业岗位。在这样的市场上,单亲母亲几乎无任何优势可言,尤其是考虑到这个人群的受教育水平、年龄、职业经验等因素,其就业市场中的劣势地位就更加明显。

(二) 单亲母亲需要社会融合促进吗?

从表象上看,"贫困"是这个群体共同的社会特征,因此,改善其就业、确保其增加收入、缓解贫困就被理所当然地视为这个群体的主要需求,甚至是唯一需求。但是,从调查结果来看,服务对象还有就业以外的其他需求,这些需求同样强烈。

1. 改善服务对象比较低的自我评价

服务对象自认为是"命苦的人"的比例是13.6%,"能干但因为被人看不起,觉得没用"的比例是2.2%,"不能干,没用的人"的比例是0.7%,三项相加的比例是16.5%。对当前生活持"不满意"和"很不满意"看法的比例合计为22.5%。对待困难的态度也比较消极,"命中注定的,认命吧""太艰难了,没法解决""没想过,过一天算一天""如果不是为了孩子,我都不想过了"四项比例合计是42.3%。求助感受为"不太好""很差,不堪回首"的比例合计是26%。项目服务使得服务对象的自我评价得到改善,感觉到来自多方的关怀,乐观的情绪逐步提升,在项目结束之前的总结活动中,积极的自我评价及乐观的情绪得到了印证。

2. 缓解服务对象的孤独感和社会疏离感

这个人群的孤立感比较明显,社会疏离感强烈。在项目的调查阶段及服务初期,服务对象对项目服务社工有比较强烈的怀疑——他们是干什么的?他们说的是真的吗?有这样的好事吗?还真有来帮助我们的社会组织吗?等等。不少服务对象已经"认命"了,感觉自己就是这个社会的边缘者,被社会遗忘也是应该的。但在内心又多希望自己能够被理解、被接纳而成为正常的一员,"社会正常的一员"包括一份稳定的工作、孩子健康成长、有正常的社会交往等。在问及"是否有必要参加小组活动"时,认为"有必要"和"很有必要"的合计占全部被访者的66.6%。问及"是否愿意参加小组活动"时,"愿意"参加小组活动的也占全部被访者的48%,"不愿意"的只占7.6%,还有38.7%的被访者回答"说不清楚,要看情况"。在后来的服务过程中,要经过与她们的反复协商才确定下来小组活动的时间与频率。但无论把小组活动安排在什么时间,都有想参加小组活动但受多种因素制约而无法参加的服务对象。对服务对象来说,因为"单亲"的因素,其时间支配的自由度大大下降。实际参加小组活动的人远远少于"愿意"参加的人数,其原因在于服务对象缺少自由支配的时间,无法支付参加小组活动所需要的时间成本。

考虑到服务对象的脆弱性与敏感性,在项目服务过程中不会出现"单亲母亲""单亲妈妈""贫困单亲家庭"等字眼。单亲母亲对自己的"单亲身份"还是比较敏感的,希望自己未成年(小学与初中阶段)的孩子不要被贴上"单亲家庭的孩子"这样的标签,所以,总是有意无意地掩盖自己是单亲母亲的事实。项目的小组活动对"单亲家庭""单亲母亲"进行了"脱敏化"处理。一系列的小组活动、社区活动、培训活动等,缓解了服务对象的孤独感和疏离感。

3. 帮助服务对象成为"正常"的社会成员

在为项目服务对象提供个案辅导、社会小组活动、亲子联谊活动、就业辅导与培训、专场招聘等服务后,积极接受项目服务的单亲母亲们发生了一些改变,乐观的情绪、欢快的笑容、逐步增多的内部交流等是主要表现。在项目后期,服务对象产生了强烈的"我们"感,因为有了"我们"的存在,大家找到了家的感觉——可以一起分享快乐、述说痛苦、交流生活经验等,在这个"家"里,大家比较放松,有疑问就说出来,可以定期聚会,可以相互鼓励、相互支持,感觉日子不像以前那么"苦"了。项目也促进了服务对象与街道、社区妇联工作者(多是社区工作者兼任)的联系,与项目团队中的社工(多是南京几所高校的社工专业教师)的联系增多了,关于就业的信息也增多了,服务对象感觉到她们离"正常"的社会成员的距离越来越近了。

这种强烈的"我们"感,使得服务对象在项目结束之前,表现出对项目服务的强烈依赖：项目结束了，那我们怎么办？"我们"这个家不能散！鉴于服务对象的这种情绪、感觉与要求，项目团队在与K区妇联协商后，辅导服务对象自我组织与自我服务。服务团队成员认为，单亲母亲自我组织的过程与自我服务的过程就是这个群体社会融合的过程、体现自身价值和社会存在感的过程。

虽然在调查中，有就业改善需求的服务对象大多希望项目能够帮助她们"找个好工作"或"换个好工作"，项目提供的服务也确实促进了服务对象的就业改善，但总的来说，服务对象的社会融合促进成效更为明显，也更被服务对象看重、认可。这种社会融合促进面向大部分服务对象，对那些不需要就业改善的服务对象来说，这是项目的主要服务。对那些需要"找工作"和"换工作"的服务对象来说，社会融合促进使得她们感觉自己越来越像"正常"的社会成员，其自身的负面评价下降、自信心增强、对未来的乐观预期增加，这反过来促进了其就业改善。因此，社会融合促进是服务对象的主要需求，通过社会融合促进反过来帮助实现就业改善，这是项目的主要经验。已有的经验表明，困难人群的就业促进往往是"促而不进"，其根本原因在于，就业促进依赖于社会融合，在一个群体感觉到强烈的社会疏离与社会隔离时，就业促进或就业改善的目标往往难以实现。而在促进目标人群的社会融合之后，就业促进的目标或许可以更容易实现。

社会融合促进就是增加服务对象的社会资本，这有利于阻断贫困的代际传递，对服务对象及其子女成为真正的"正常的社会成员"有积极作用。已有的研究表明，单亲家庭结构与孩子成长中的一些问题呈正相关，但由于单亲家庭平均说来社会经济地位较低，所以这些问题也可能是由较低的社会经济地位造成的，而与家庭结构无关。

单亲家庭结构对孩子的成长及长大后的生活境况会有负面的影响，这种影响部分源于单亲家庭的收入低，部分源于单亲家庭缺乏孩子成长所需要的"亲职资源"（parental resources），以及缺少利用各种社区资源（community resources）的渠道，实际上就是缺乏"社会资本"。

对于促进子女长大后走向成功之路，社会资本和经济资源一样起着重要的作用，但单亲家庭的这种社会资本就会大大减少。其主要原因：一是家庭收入减少，孩子成长所需要的经济支持下降，尤其是在目前中国的社会保障政策不健全、保障水平低的情况下，缺少父亲的家庭更易陷入贫困化的境地；二是孩子的社会交往，尤其是成长早期通过与父亲的亲戚、朋友、同事交往而获取社会认知的机会大大减少；三是家庭缺少父亲角色以后，孩子在成长过程中"安全感"严重下降，其在成长过程中的自信心、乐观情绪、抗逆力等不同程度地受到影响。项目的服务内容正好可以部分弥补和替代亲职缺失的部分功能，增加其社会资本总量。

六 项目带来的思考及未来的努力方向

（一）项目带来的思考

1. 克服精神贫困与克服物质贫困一样重要

城市贫困单亲母亲是一个特殊的弱势群体，这个群体有就业改善的需求，同时也有扩大社会参与、增加社会融合的需求。就业改善活动必须伴随相应的社会支持活动，单纯的技能培训或就业改善，并不能取得好的效果。从政府的民政部门、街道、妇联和社区对贫困单亲母亲的认知及提供的帮助来看，其大都重视这个人群的物质贫困问题，而忽视了这个人群的精神贫困问题，认为这个人群的精神贫困源自物质贫困，物质贫困则源自无业、失业或低质量的就业，因此，只要改善就业，物质贫困乃至精神贫困就可迎刃而解。但是，从"彩虹桥"项目的实施来看，目标人群的物质贫困与精神贫困是同时存在的，改善就业并不必然带来精神状态的改变，目标人群克服精神贫困的愿望甚至比克服物质贫困的愿望还要强烈。

2. 目标人群有自我组织、自我服务的潜能

目标人群虽然存在比较低的自我评价，但是有改变自身生存状态的强烈愿望，自身潜能巨大。这个人群多经历了婚姻的失败、丧偶的痛楚、就业的挫折等，在应对挫折的过程中，生成了巨大的抗逆力，如果秉承"助人自助"的服务理念，加以引导、扶持，就能够实现这个群体的自我组织与自我服务。

3. 目标人群需要系统性的政策支持

对这个人群的服务，不能仅依靠"彩虹桥"这样的服务项目，这个人群需要制度化、政策化、组织化的系统性支持，这种支持体系需要政府、企业、社会组织等多方参与、共同建构，但政府要扮演主导

角色即服务资源的提供者角色，社会组织则扮演传送服务的角色。同时，外来的服务与援助要本着"助人自助"的理念，把单亲家庭社会资本的增值视为政策的主要目标。构建体现政府、社会、单亲母亲共同责任的社会援助政策体系，促进单亲母亲的社会资本的增长。这已是世界各国减贫、保护妇女儿童权益、促进性别平等的有效举措。其基本理念已摈弃了原有的"照顾者模式"，即由单纯的物质福利的给予，转为对单亲尤其是女性单亲的社会资本的生成与发展。

（二）未来的努力方向

"彩虹桥"项目证明，社会工作除可以在改善目标人群就业、促进社会参与等方面提供服务外，还可以在公众教育、政策倡导等方面介入城市贫困单亲母亲服务。

1. 公众教育

单亲母亲感觉到比较严重的歧视[①]、孤独，不愿意让他人知道自己的孩子来自单亲家庭，对"单亲家庭"一词比较敏感。项目工作者在项目服务中也不使用这一概念。"单亲家庭"常被视为"问题家庭"，尤其是媒体在报道单亲家庭的孩子成长、教育问题时常会误导公众。单亲母亲感觉到的这种歧视、孤立使得她们自我评价偏低。在问卷调查的"自我评价"中，有超过较多的被访者认为自己是"没用的人、苦命的人"。社会歧视及其导致的社会疏离使得该群体渴望成为"正常"的群体。"单亲家庭"是现代社会中诸多家庭形态中的一种类型，这种家庭并非"问题家庭"，"单亲家庭"的孩子在成长过程中可能会面临"亲职缺失"的困扰，但这种困扰并不必然带来直接的、严重的后果。公众及相关的社会政策还没有将单亲家庭作为一种正常的家庭形式来对待。

2. 政策倡导

调查发现贫困单亲母亲能够得到的政策帮助是有限的，尽管妇联、

---

① 这种"歧视"是客观存在的或只是贫困单亲母亲感觉到的？项目组成员在工作讨论中认为，这种"歧视"是客观存在的。社会上存在着"恃强凌弱"的现象，由于作为家庭重要成员男性的缺失，单亲母亲在社会中会遇到一些"歧视"——语言上、行为上、态度上的，等等。同时，这种"歧视"也是被放大的。单亲母亲可能会把正常人际交往中的一些困扰、自身面临的诸多困难归因为自己是"单亲母亲"，这种归因放大了社会歧视的效应。

工会、社区、民政等群团组织和政府部门都在各自的工作范围内尝试帮助这个群体，但总体上来说，还没有面向单亲贫困母亲及其家庭的专门政策，这个人群能够享受到的社会福利水平低、覆盖面窄。应对这个群体面临的困境，需要社会政策加大对这个人群的物质帮助——扩大城市最低保障政策的范围、应保尽保；增加对贫困单亲家庭未成年人的救助、提供学习津贴；健全覆盖城市贫困单亲家庭的医保及大病救助制度，不让这个人群因病致贫；提供免费的就业辅导、培训服务及开发公益性的就业岗位；等等。

由于贫困单亲母亲在市场就业中所处的不利地位，这个群体通过"市场化"手段来实现就业的难度比较大，因此，需要政府及相关的社会组织为这个人群提供"保护性"就业岗位——开发公益性岗位、补贴社会保险、提供免费技能培训、促进灵活就业等。

除直接的物质救助以外，在子女就学、就业，单亲母亲及其子女就医等方面也应该有针对性的社会政策，使这个人群能够有充分的社会参与机会并共享社会发展的成果。

贫困单亲母亲及其家庭生活品质的提升需要宏观社会政策的建设，以便通过制度化的渠道增加对该人群的救助与支持力度，也需要倡导性别平等、理解单亲家庭作为"正常家庭"的一种形式的公众教育，当然，在就业促进、个案辅导及扩大社会支持网络及社会参与等方面，社会工作理念与方法的引入也是非常重要的方面。

参考文献

洪业应（2008）："社会工作视角下单亲母亲的生存困境及对策"，《湖南医科大学学报（社会科学版）》，第5期。
许艳丽、董维玲（2008）："单亲母亲家庭经济现状研究"，《人口学刊》，第2期。
李玲（2008）："单亲母亲家庭若干问题的研究与思考"，《江汉论坛》，第12期。
舒霞（2002）：《上海城市弱势妇女群体中单身母亲的婚姻归因研究》，华东师范大学硕士研究论文。
李亚妮（2012）："单亲母亲家庭生活困境分析及家庭社会工作介入策略研究——以上海市浦东新区X社区单亲母亲家庭服务项目为例"，《社会福利》，第11期。
宗兵、任志刚、沈毓鸣、史继敏、张新凯（2008）："上海金山石化地区单亲母亲心理健康状况调查"，《中国心理卫生杂志》，第7期。
袁继红（2010）："单亲母亲工作坊的实践研究"，《社会工作》，第5期下。

邵琦（2012）:"社会工作视野下单亲母亲家庭子女教育探究",《社会工作》,第2期。
刘军怀（2004）:"现今美国单身母亲家庭贫困状况及原因分析",《西安外国语学院学报》,第3期。
王世军（2001）:"谈谈城市单亲家庭的贫困问题",《社会》,第4期。
周伟文（2000）:"透视中国单亲家庭——一个跨文化的思考",《社会科学论坛》,第9期。
刘明飞（2011）:"关于单亲家庭母亲与子女救助与支持的研究",《长春师范学院学报》,第3期。
何兰萍、张再生（2008）:"弱势单亲母亲社会支持的社会建构",《安徽师范大学学报》（社会科学版）,第4期。
李洪涛（1997）:"单身母亲群体的社会工作介入",《中国社会工作》,第5期。
李洪涛（2000）"专业社会工作对妇女组织的介入",《中国妇运》,第4期。
董云芳（2010）:"单亲特困母亲家庭青少年社会工作服务模式探析——以'阳光家庭服务'项目为例",《山东省团校学报》,第2期。

The Demands for Service of Poor Single Parent and Intervention of Social Work

—Take the Rainbow Project in Nanjing As an Example

Xiaohui Cui
(Nanjing University of Posts and Telecommunications)

Jingzhen Du
(Nanjing Normal University)

Abstract: The poor single parent is a special group in city. The group is not only poor in matter but also poor in mind and psychology. The group has not stable job and only get lower income, some of them have not any income. Meanwhile single poor parent lack social sustain network. Social work could help the group by policy promoting, job assisting, consulting, social network constructing and so on. The rainbow project is trying to help the group by social work ways in Nanjing city.

Key words: poor single parent, social group, job assisting, social sustain network

草根 NGO 资金获取的困境及对策分析：
对北京 X 基金会的个案研究[*]

中国人民大学社会与人口学院　祝玉红
中国人民大学公共管理学院　　刘　思

摘　要　近年来，我国各个领域的 NGO 层出不穷，它们在促进公民社会的发展和推动社会建设的同时也遭遇了自身发展的困境，这其中与 NGO 生存发展息息相关的资金获取问题尤其令人关注，然而目前较少研究者针对这一问题开展深入的个案研究。通过对 X 基金会的参与式观察与访谈，本研究发现草根 NGO 的资金现状令人担忧，存在资金规模小、资金收入结构不合理、筹资缺乏专业性等问题。本研究发现，草根 NGO 在资金获取方面的困境是结构性的而非偶然性的，与国家法团主义背景下的社会组织发展的逻辑过程相符合。针对这些困境，本研究从全力争取政府资金支持、强化民间捐款渠道以及提高筹款专业性三个方面提出了建议。

关键词　草根 NGO；资金筹集；民间捐款

---

[*] 基金项目：北京市社会科学基金项目（项目编号：13SHC030），北京市社科联青年社科人才资助项目（项目编号：2012SKL008）。

一　问题的提出

根据民政部的统计，自 1989 年有统计数据以来，中国 NGO 的数量不断上升（邓宁华，2011）。NGO 活动的领域向不同行业拓宽，已成为社会上一支不可或缺的重要力量。但在发展的过程中，不少 NGO 遭遇了不同程度的生存困境，尤其是在草根 NGO 中，由于缺乏官方的背景和支持，呈现的问题更加突出。有关中国 NGO 的研究肇始于 20 世纪 90 年代初，大批研究中国问题的国内外学者开始关注中国 NGO 的生存和发展议题，研究内容涉及多个方面，如 NGO 的资源处境、NGO 的合法性危机、NGO 与政府的关系、公众对 NGO 的要求等。其中有关 NGO 资源的研究，一直都是一个十分重要的课题。因为对于任何一个组织来说，资源都是其赖以生存和发展的基础。本研究利用个案研究的方法，通过对一家草根 NGO 资金获取过程的呈现，着重探讨以下三个问题：①草根 NGO 的资金获取现状如何？②草根 NGO 的资金获取面临的困境是什么？③草根 NGO 如何克服困境争取更多的资金？

近年来，国内外学者从不同的角度切入，对中国 NGO 的资源获取状况进行研究，已有了非常丰富的资料。许多学者从中国 NGO 发展的客观环境、NGO 的资源汲取能力、国内外 NGO 资源获取能力对比等多个角度对 NGO 的资源获取状况进行研究。然而，对于草根 NGO 的资金获取状况却较少有深入的个案研究。本文主要研究北京的一家草根 NGO——X 基金会的资金获取情况，通过在该基金会的参与式观察和对该机构员工的访谈记录，旨在描述草根 NGO 资金获取现状，发现其资金获取过程中的问题以及应对困境的对策。本文希望通过对现状与困境的讨论，为草根 NGO 的资金获取提供建议和参考。

二　文献综述

从 20 世纪 90 年代开始，针对 NGO 问题的研究开始成为社会科学领域的热点。其中，作为组织生存与发展的基础，组织获取资源的能力更是备受关注。现有的文献主要涉及两个方面。

1. 资源依赖视角下的 NGO 研究。组织社会学中关于组织研究的主要理论有权变理论（contingency theory）、交易成本（transaction cost）、资源依赖理论（resource dependence theory）、网络理论（network theory）、组织生态学（organizational ecology）、制度理论（institutional theory）等。其中，资源依赖视角因研究组织与环境之间的选择和适应，从组织外部开放系统的角度分析组织生存发展中资源依赖的模式，对嵌在"社会情境"中的组织具有较强的生存现状描述解释能力，而备受 NGO 研究者的青睐（韩树雄，2012）。有的学者以资源依赖为视角，研究 NGO 的外部关系问题，例如探究政府和 NGO 的合作关系。有学者认为政府与 NGO 是一种非对称的依赖关系，和其他任何组织一样，NGO 无法做到自给自足，作为一个有机的开放系统，必须从外部环境中获取资源以维持组织的生存与发展，政府补贴和服务收费对 NGO 而言是必不可少的投入资源（李凤琴，2011）。而胡杨成和蔡宁则认为 NGO 具有典型的外部资源依赖特征，集中体现在"顾客资源依赖性"和"高度资源依赖性"两个层面，实施市场导向战略，可以降低 NGO 对外部环境要素的依赖性，同时增加外部环境要素对本组织的依赖性，市场导向是 NGO 在外部环境资源依赖的情形下可能做出的战略选择（胡杨成、蔡宁，2008）。也有学者对 NGO 的内部关系进行研究，比如探究 NGO 内部管理机制。马迎贤（2005）指出把理事会看作 NGO 的资源是很合适的，因为在"双重管理"制度方面，中国 NGO 理事会发挥的作用不大，在实质上逐步采用和健全理事会治理机制势在必行。总而言之，从资源依赖视角出发对 NGO 进行研究主要探讨的是 NGO 作为社会的重要组成部分，如何处理好与政府、市场等机制的关系，如何处理好内部各层次的关系，如何通过与客观环境的良好互动，获得对自身发展的有利资源（马迎贤，2005）。

2. NGO 资源获取相关研究，主要涉及 NGO 资源获取的机制、面临的困境、启示和经验等方面。有学者从资金来源、筹款方式等方面对 NGO 的资源获取（特别是资金获取）机制做了全面的分析（刘清，2005）。也有学者对我国 NGO 的资源获取所面临的困境提出了应对策略。童雅芬（2006）指出，我国非营利组织的制度变迁存在着对政治权力和政治资源明显的路径依赖，政府资源是非营利组织的一种稀缺资源，非营利组织对政府资源的依赖造成了政府对非营利组织基于资源的一种约束。针对这一困境,研究者提出我国 NGO 应该由政府选择模式转向社会选择模式,摆脱政府的高度控制。周艳玲、姜继为则从 NGO 自身、政府、捐款人、国际 NGO 四个方面回答了面对当前 NGO 薄弱的资源汲取能力和主客观环境带来的困境,如何提高 NGO 自身的资源汲取能力(周艳玲、姜继,2008)。此外,郭智强和秦国柱(2008)以香港著名慈善机构东华三院的经验为启示,提出了要多渠道解决我国 NGO 资金瓶颈问题,认为 NGO 要努力争取政府的支持,尽可能多地进行募捐,合理合法地增加营业收入(郭智强、秦国柱,2008)。

还有学者先后通过对美、英、德、法等八个国家的 NGO 的分析研究,认为国外 NGO 的资金来源主要是四个渠道:民间捐赠、服务收费、政府补贴和外国援助。其中,服务收费、政府补贴是主要资金来源,民间捐赠虽然是 NGO 的理想收入来源,但事实上在 NGO 的收入中所占比例很小,"慈善不足"在世界范围内都是一种普遍现象。税收减免中的问题、潜在捐款人和非营利组织之间的信息分布不对称、捐款的自愿性是导致"慈善不足"的重要原因(郭国庆、李先国,2001;周批改、周亚平,2004)。美国学者杰西卡·蒂斯(Jessica C. Teets,2009)通过对社会组织在四川汶川地震灾后救援和重建过程中的作用的深度调研,发现相关的社会组织通过参与救灾过程获取地方政府资源能力方面得到了很大提升。英国华裔陆艺艺(音译)(Yiyi Lu,2007)通过自己获得的丰富的一手调研资料,发现由于草根组织的资源获得能力比较弱,导致其自主性要比官办的非营利组织小得多。杨国斌(音译)(Guobin Yang,2005)以对环保组织的考察为例,总结出了中国非营利环保组织近年来逐步摆脱了单一的与政府对立和互动的关系模式,而是将其资源获取和行为互动扩展到媒体、互联网以及国际非营利组织领域,并利用这些新的领域所带来的发展机会来强化自身的功能服务。

通过以上的文献梳理有几点发现,首先,NGO 是一个开放的系统,无法完全自给自足,其资源获取与政府、市场以及内部管理机制密切相关;其次,NGO 资源获取现状并不乐观,面临多重困境,前人试图从不同角度提出建议和对策。然而现有的研究大多都是针对全国 NGO 的普遍情况和困境进行的研究分析,但实际上不同地区或不同类型的 NGO 在资源获取上可能呈现出不同的特点。此外,现有的研究倾向于宏观的视角，从整体上把握问题，极少针对某一 NGO 进行深入的个案分析。因而，本研究主要针对北京某一草根 NGO 的资金获取状况进行深入研究，首先希望能够挖掘该草根 NGO 获取资金的特殊现状与困境，进而补充以往研究中缺乏的特殊性；另外，通过对该组织进行单独的个案分析，可以发现微观、具体的问题，补充以往研究中容易被忽视的问题和问题根源。

三 研究方法

本研究选取北京 X 基金会为研究对象。该组织以拯救生命、提升健康为愿景，致力于提高白血病、淋巴瘤等血液癌症患者的生存机会、提高患者和其家庭的生活质量。X 基金会于 2009 年 4 月在北京市民政局注册成功，其注册及业务主管单位均为北京市民政局，是一家私募基金会。基金会的原始基金数额为人民币 200 万元，主要来源于国内个人和民间基金会的捐赠。① 该组织没有海外与官方背景，是一家草根 NGO。X 基金会有比较正规的组织框架，理事会下设有项目部、发展部、研究部、行政与人力资源部、财务部和骨髓库六个部门。目前有正式员工 24 名，其中博士 1 名，硕士 12 名，本科 10 名，专科 1 名，一部分员工甚至有海外求学与工作的经历；长期稳定的志愿者 200 多名，登记但不常参加活动的则更多；实习生 3 到 4 名，普遍是北京各大高校相关专业的学生，有时也有国外实习生。自成立至今，平均每年服务上万人次，并且呈逐年递增的趋势。2011 年度，接受经济资助的患者就达 286 名，X 基金会提供了超过 583 万元的经济支持；仅"医生助手"（组织的一个常规项目，在医院为治疗白血病的资深医师提供助手服务）这一项目，服务患者就超过 6000 人次。② X 基金会的专业服务水平获得了行业内的认可，在北京市民政局"2012 年度市级社会组织评估"中，X 基金会被评为最高等级的"5A 级社会组织"。③ 由此可见，北京 X 基金会是一家颇具规模、具有正规组织框架

---

① 北京 X 基金会：北京 X 基金会缘起，http://www.isun.org/ch__about/bk__beginning/, 2013 年 4 月 2 日。
② 北京 X 基金会：《北京 X 基金会 2011 年年度工作报告》，2011。
③ 2012 年，北京市仅有 4 家基金会被评为"5A 级社会组织"。

和专业服务水平的草根 NGO，其组织运行、项目的正常开展离不开资金支持。这些特点使得 X 基金会具备了一定的典型性。

本次研究主要采用定性访谈的方法收集资料，采用半结构式访谈，访谈了三名学历、从业时间、职务差异较大的 NGO 全职工作人员，这三名访谈对象能够提供组织不同层面的资源获取情况，研究尽量符合最大差异原则，使信息达到饱和。平均每人访谈时长约为 40 分钟，访谈全程在征得研究对象同意的情况下，用录音进行了记录，并对录音进行了文字的转录和匿名化处理，使用 NVIVO8.0 作为分析工具对文本资料做相关分析。研究对象的基本情况如表 1 所示。

表 1　研究对象的基本情况

访谈对象	基本情况
X1	男，2009 年 7 月毕业后入职。目前在项目部负责白血病孩子的医疗资助和个案服务工作。以前在发展部做部门主管，负责整个基金会的筹资、传播、品牌和公共关系。岗位变换比较勤，除了秘书长，其他职务他基本都接触过，了解组织全貌和发展过程。
X2	男，2012 年 2 月入职。目前主要负责阳光骨髓库的工作，是阳光骨髓库项目主管，阳光骨髓库是大陆唯一的民间骨髓库，该项目的运行需要大量的资金支持，访谈对象对此项目的资金情况十分了解。
X3	女，2012 年 3 月入职。目前负责项目管理与运作。对当前组织筹资环境比较了解。

此外，为了弥补定性访谈对象偏少这一不足，本研究还采用了参与式观察与文本分析的方式收集资料。参与式观察的资料来源于本文第二作者于 2012 年在 X 基金会实习期间所做的观察记录。文本以 X 基金会在其官方网站上公开发布的规章制度与报告，包括《北京 X 基金会 2011 年年度工作报告》《北京 X 基金会年度审计报告（2009~2012 年）》《北京 X 基金会财务制度》等文本资料，作为本文分析的分子资料。

四　研究发现

（一）基金会资金获取的现状分析

社会上普遍流行的观点认为，社会捐赠是 NGO 的主要资金来源，具备公益性质的 NGO 尤其如此，有学者针对国外 NGO 的资金来源进行研究，发现国外 NGO 的资金主要来源于民间捐赠、政府支持或公共部门支付、私人付费（王名，2007）。但是，通过对 X 基金会的员工访谈，笔者发现该组织的实际情况与以上观点有所不同。通过翻阅该组织 2009~2012 年四年的审计报告，得到 X 基金会的资金收入信息（见表2）。① 四年来，X 基金会的总资金收入从 200 多万元增长到了 1200 多万元，主要的收入来源为捐赠收入。其中，前两年有部分投资收入，后三年提供服务收入不断增长。

表2　X 基金会各年度收入状况

单位：万元

收入类型 年度	2009	2010	2011	2012
捐赠收入	223.36	297.21	895.55	1191.1
提供服务的收入	0	2.0	8.43	29.0
投资收入	23.39	5.42	0	0
其他收入	0.27	0.43	7.41	1.01
年度总收入	247.02	305.06	911.39	1221.11

1. 主要资金来源

该组织的资金主要来源于承接其他大型基金会的项目以及与具备公募资格的基金会共同募捐（上一小节中的捐赠收入大部分指的就是这项）。其他大型基金会主要指的是比较有名、有官方背景的基金会。X 基金会是国内专门服务于白血病群体的较为知名的民间组织，这类专业组织在国内还比较少。尽管有一些大型公募基金会的项目是针对白血病群体开展的，然而与 X 基金会相比，它们有充足的资金却缺乏专业的人才和服务体系。因而，通过和专业组织合作，共同救助白血病人是一种更有效且便捷的方法。因而，与 X 基金会合作开展白血病相关项目可谓是"双赢"的决定。总的来说，X 基金会能够通过承接的方式获取大量资金，这主要得益于其服务的专业性和服务对象的固定性。

---

① 北京 X 基金会：《北京 X 基金会年度审计报告（2009~2012 年）》。

基金会最大的资金来源应该是承接项目执行,或者是说来源于大基金会的项目捐赠,像神华爱心行动①就是承接的项目。另外,因为现在基金会还是非公募,公众、个人捐款渠道有限,占的比例比较小。但是我们有可能通过和公募基金会合作的方式一起面向公众募款。青少年和微公益应算这一类。(访谈资料:X1 - 1 - P1)

2. 社会捐赠不足

访谈资料显示,社会捐赠并非该组织的主要资金来源,主要原因有:首先,该组织是一家非公募基金会,不能公开向公众募集资金,缺乏募捐的渠道;其次,公众对白血病患者的关注程度不足,并且相对白血病这种需要巨额医疗费用的大病来说,个人的捐助能力也较为有限;对于企业来说,资助白血病患者很难收到"立竿见影"的成效,综合考虑慈善投入与企业知名度、影响力的提高,许多企业更愿意选择其他效果大且传播广的方式来"做慈善"。

企业很大程度上要取决于它们自身的关注点。也就是说,它们自己想把钱花在什么方向上是很重要的。比方说,环保项目和助学项目一般较容易筹到钱。一次性投入不大,大家都喜闻乐见。大病救助就比较难。因为大病救助投入太大,成效不好。(访谈资料:X1 - 1 - P1)

3. 政府资金有限

政府对该组织的资金支持度极低,是该组织所有资金来源中所占比例最低的。清华大学 NGO 研究所 2000 年对全国 1508 家 NGO 的调查结果显示,政府提供的财政拨款和补贴占总资金的 49.97%,在所有资金来源中排名第一(杨团,1999)。但是,X 基金会获得的政府资金支持不到 3%,这与 X 基金会的服务性质有极大的关系。在过去

---

① "神华爱心行动"项目,是由神华公益基金会、中国社会工作协会儿童社会救助工作委员会在全国开展的旨在帮助贫困家庭 0~14 周岁患有先天性心脏病、白血病儿童完成医疗康复的公益项目。

白血病是一种比较罕见的疾病，近几年白血病群体越来越庞大，政府才逐渐开始重视，直到这一两年儿童白血病才被各地政府陆续纳入"大病医保"的范围，而成年人白血病、慢性白血病等类型还在商讨之中，这说明目前我国政府对"白血病"这一疾病尚未形成完善的救助体系。

> ……很小部分的资金来自政府购买社会服务，钱很少。政府购买3%不到。骨髓库目前没有得到政府的资金支持……（访谈资料：X1-2-P1，X2-2-P5）

总的来说，X基金会的资金主要来源于其他基金会的项目支持以及与公募基金会的合作，这是其服务的专业性带来的优势。但其社会捐赠明显不足，政府支持更是没有发挥应有的作用，这也与其服务的性质和对象有极大的关系。如何利用好组织提供的公益服务的特性，得到社会大多数角色的认可和支持，为组织争取更多的资金支持，值得草根NGO在拓宽资源获取渠道时深入思考。

（二）北京X基金会资金获取困境分析

虽然北京X基金会从成立至今短短四年内资金收入翻了两番多，但是通过分析其资金获取现状，也可看出其面临着多重困境。X基金会属于较为典型的草根NGO，其面临的困境具备普遍性，分析其资金获取困境，可以为了解其他草根NGO面临的困境提供参考。

1. 筹款规模小，方式单一

筹款规模小是我国NGO面临的一个普遍困境，尤其是与国外NGO对比之后，这一差距尤为突出。例如，美国有160万个非政府组织，财产总额达到2万亿美元，年收入为1万亿美元，平均每个非政府组织的年收入为62.5万美元（王名，2006）。在英格兰和威尔士地区，截至2002年底，有近20万家民间公益组织，其中在英国慈善委员会登记注册的慈善组织共18.6万家，它们的总资产额约达700亿英镑（Guobin Yang，2005）。北京市社团管理办公室的统计显示，1998年全市合法社团的平均收入只有26.4万元人民币。即使知名度高、筹款能力强的组织，如"地球村"和"自然之友"，其年收入也只有美国社团平均年收入的 1/62 和 1/80（孙志祥，2001）。

X 基金会 2009 年成立，原始基金为 200 万元人民币，经过四年的发展，收入达到约 1200 万元，这其中很大一部分来自其他基金会（比如背后有国企支撑的神华公益基金会）项目的支持。虽然，与北京市其他 NGO 相比，X 基金会的筹款情况较为乐观，但与发达国家 NGO 相比，差距依然显著。此外，据访谈对象 X1 所说，虽然会有 1200 万元的收入，但基金会仍然入不敷出。

> 最早的积累是很艰难的，就是基金会成立之前，学生社团时代，靠志愿者做义卖筹钱，很艰难。成立基金会的时候大概有五六十万的资金。秘书长家里捐了 50 万，另外联合了一个叫"爱在基金"，一些做债券的朋友的一个草根基金，凑够了 200 万的原始基金。2010 年的时候我们有一个专项基金，叫作"求爱的天空"高尔夫慈善基金。这个基金帮助基金会的资金规模扩大了一些，当年差不多有一半的收入来自这个专项基金，200 万左右……从 2011 年开始承担了神华的项目，这个项目一年 600 多万。去年我们收支都在 1200 万的样子，但基金会依然入不敷出。（访谈资料：X1-5-P1，X3-4-P2）

筹款规模小的同时 NGO 的筹款方式也比较单一，缺乏多重筹资渠道，资金难以得到保障。目前，我国大多数 NGO 在筹款过程中，使用的方式较为单一，开辟的筹资渠道也较为有限，一旦发生突发情况，或者长期以来供应资源的方式出了问题，则容易对组织造成很大的影响。以 X 基金会为例，其筹资的方式以承接其他公募基金会的项目支持为主，虽然通过这种方式该基金会的收入每年都呈增长的趋势，然而一旦提供项目的基金会转而将项目承包给其他 NGO，或者终止该项目，那从 X 基金会的资金收入势必受到巨大的冲击。访谈对象 X1 指出，X 基金会已经意识到这一点对组织来说是潜在的危机，认为只有改变长期以来的不变且单一的筹资方式，才能适应当前复杂多变的社会环境，所以该组织开始尝试一些新的筹款方式。

> 目前基金会正尝试想做一些改变，比如微博营销、推广活动

等方式。我们曾邀请基金会理事李云迪先生以钢琴演出的方式开展募捐活动。去年我们做了一个剃光头的大型公益活动,倡导爱心人士以剃光头的形式来支持白血病患者,最近基金会把一个白血病小孩画的一幅画放到微博上请网友参与涂色,并把征集到的稿件进行微博推广,吸引大家的关注……(访谈资料:X1-6-P1)

2. 资金收入结构不合理

第一,民间捐赠少,慈善捐赠不足。对于 X 基金会而言,民间捐赠占其所有收入的比例不到 10%。清华大学 NGO 研究所的一项调查结果显示,在我国非政府组织的收入结构中,政府提供的财政拨款和补贴占总资金的 49.97%,会费收入占 21.18%,营业性收入占 6%,企业提供的赞助和项目经费为 5.63%,其他收入的比例均低于 5%,个人捐赠仅占总资金的 2.18%(侯江红、王红晓,2004)。这些数据表明,民间捐赠少、慈善捐赠不足不仅是 X 基金会面临的困境,也是我国大多数 NGO 共同面临的问题。

针对慈善捐赠不足的现象,访谈对象给出的解释有:首先,我国许多 NGO 缺乏透明的体系,公众对其信任度低,在这种情况下,一旦发生 NGO 丑闻,无疑会对民间捐赠产生很大的影响;其次,民间捐赠与政府的支持度相关,美国在税收方面对民间捐赠和建立慈善基金的激励和支持较高,所以美国一直是世界民间捐赠量最大的国家。最后,民间捐赠是自愿性的,一旦经济不景气或有突发情况发生,捐赠数额便会减少,十分不稳定。

> 在筹集资源的过程中一个机构的品牌、形象和公信力是非常重要的因素,郭美美事件对整个公益行业都是有影响的,但是对民办 NGO 的影响没有那么大,对红十字会的影响就大了。(访谈资料:X1-4-P4)
>
> ……今年普遍经济不好,整体经济不景气,闲钱不多,捐钱的就少多了。(访谈资料:X3-4-P1)

第二,政府支持力度十分有限。许多研究表明,政府资金支持是

NGO 资金的最大支持。例如，在美、英、意、日等国，政府的财政拨款占 NGO 年收入的比例分别为 30%、40%、43% 和 38%（刘鹏，2011）。清华大学 NGO 研究所的调查显示，在我国非政府组织的收入结构中，政府的财政拨款占总资金的 49.97%。然而，作为草根 NGO，X 基金会收入中来自政府的资金支持却不足 3%。对政府资金依赖度小，有利于 NGO "去政府化"，摆脱政府的高度控制，但如果政府支持度过低，NGO 的运行，尤其是成立之初的运行将充满挑战。

第三，大多数资金提供方明确限定了资金的用途，导致 NGO 自由度小，甚至不得不压低其行政成本。为了更好地对 NGO 资金使用进行约束和监督，确保捐款用途不发生改变，很多资金提供方会规定资金用途。然而，如果限制太多，或者用于行政费用的比例过低，就会导致 NGO 项目运行质量下降，机构的积极性受挫和专业性降低。就 X 基金会的情况而言，其 50% 的资金收入均来自 Y 基金会，Y 基金会明确规定了该笔资金用于服务的项目以及 X 基金会运行该项目所需要的行政费用。

> 现在其实咱们最大的困难应该是公众对社工服务的价值和机构必要的运作成本的认可度不高，导致用于直接资助的资金比例过高，而承担这么大规模项目的基础比较单薄，服务也比较难以深入和专业。最简单的比如咱们那个神华爱心行动，资金量大概占机构一年资金收入的 50% 左右，而工作费用只有 2.8 万元。……机构需要自负的成本主要来自少量没有指定用途的捐款，而这笔钱要支付工资、房租、行政费以及筹资的成本，还有不少的项目费用没有来源，所以存在吃老本的问题。（访谈资料：X1-4-P1）

3. 筹款专业性不高

筹款专业性不高，主要表现在缺乏专业的筹款团队。X 基金会于 2009 年成立，目前有正式员工 24 名，规模较小，人力资源的不足导致员工分工不明确，有时一人身兼数职。此外，筹款的工作属于发展部，但该部门同时还负责公共关系、公共传播等工作，筹款的工作多为附带的工作。专业化要求筹款人员必须具备敏锐的市场调研能力和分析意识、专业的方案构思和设计感觉、良好的项目营销和执行能力（刘清，2005）。然而，目前国内大多数 NGO 都达不到这一要求，例如"自然之友""地球村""绿家园"这些名声很响的 NGO，却既没有专门的筹款部门，也没有专业的筹款队伍，并且从业人员缺乏专业的筹款意识，多数时候是被动地接受捐赠或以博取同情的方式申请经费。而缺乏专业筹款团队，就会缺乏合适筹款的目标、可行的筹款方案及科学的筹款方法，从而影响资金的筹集量。

通过以上对 X 基金会组织在获取资金上的现状、问题与原因的分析，本研究发现草根 NGO 在资金获取方面的困境是结构性的而非偶然性的，这种结构性的困境既源于草根组织残缺不全和缺乏支持的外部环境，也与草根 NGO 自身专业能力不足密不可分。在从国家法团主义向社会法团主义过渡的大背景下，草根 NGO 获取资金的能力的困境，是内外压力双重挤压的必然结果，也是国家与社会关系博弈和互动的生动体现，与以前学者所提出的"国家引导的市民社会"（Frolic，1997）、"行政吸纳社会"（康晓光、韩恒，2007）、"嵌入性控制"（刘鹏，2011）等理论解释在逻辑上具有一致性。

五 讨论及建议

本研究采用个案研究的方法分析北京 X 基金会员工的访谈资料、基金会的相关文件，并对基金会进行了参与式观察记录，发现当前 X 基金会的问题主要有三个方面：①筹资规模小，筹资方式单一，这样，资金的稳定性极易受影响，一旦遇到经济不景气或者危机的时期，组织的生存发展将会受到很大的影响；②资金收入结构不合理，政府支持资金和民间捐赠资金比例过低，并且行政成本来源过窄，资金严重不足；③NGO 缺乏专业的筹资团队、科学的定位和可行的方案。而这三个问题也是目前北京多数 NGO 在发展过程中，尤其是在筹款中遇到的普遍问题。针对这些问题，研究者有以下建议，希望能为 NGO 应对资金获取困境，提高资金募集能力提供参考。

第一，全力争取政府支持。在我国目前的环境下，NGO 的发展离不开政府的支持。首先，NGO 可以提高自身专业水平，拿出有质量的、符合要求的项目吸引政府投资。如前所述，很多大型的 NGO 的发展离不开政府的资金投入，但我国现在有很多NGO为了保持自身的独立性和"民间特色"，排斥政府的资金支持，从而忽略了一条获得资金的重要途径。目前，在我国一些城市，尤其是东部发达的城市越来越重视社会建设，政府也愿意在社会民生方面进行投资。例如深圳宝安区为解决公益慈善类、社区维权类社会组织经费不足的问题，设立了扶持专项资金，并出台了相应的办法，明确了扶持事宜，据悉，深圳宝安区目前已有6家相关NGO获得28万元的资助（王名，2006）。因而，NGO应积极向政府展示高质量的项目，向政府展示NGO在处理社会问题上的专业性和高效性。其次，有能力的NGO应加大自身的宣传力度，积极投身于社会和政策倡导，比如，通过主动向政府部门介绍NGO特色服务与项目，与相关的政府官员积极联系取得互动，在高校开设讲座等方式，引起社会和政府对NGO的广泛关注。

第二，拓宽民间捐款渠道。如前所述，当前我国很多NGO的筹款方式单一，筹款规模小。本文研究的X基金会的资金结构中，政府支持与民间捐赠很少。要拓宽民间筹款渠道，首先，应积极利用各种平台宣传公益募捐，并丰富募捐的形式。在如今这个信息高速传播的时代，要积极利用微博、社交网络等新媒体及传统媒体平台进行宣传。募捐的形式可以多种多样，比如进行慈善义演或慈善义卖，也可将具有组织特色的且实用的商品在校园内或者商业中心进行义卖。其次，应提升社会大众对NGO的认可度，增强民间捐款动力。可以通过宣传教育的方式，向社会传递公益意识与公益理念，与此同时，要及时传播NGO的项目效果和服务水平传播，让社会知晓并认可，使民众增强对公益事业的信任和支持。

第三，提高筹款专业性。提高筹款专业性首要的是组建专业的筹款队伍。这支队伍可以由组织的若干位管理者牵头，还需要一些专业人才，有的负责市场调研，寻找可筹款对象；有的负责与资金提供方沟通，为组织争取更多的资金；有的负责对筹集到的款项使用情况向捐款方汇报；有的负责跟进捐款方，以获得其长久持续的支持。其次，提高筹款专业性还应简化捐款程序，同时又要保证捐款的透明度。一套简单、专业的捐款程序，不仅可以使捐赠者感受到该组织的专业性，还能增强其对公益组织的信任度。以X基金会为例，X基金会有经过公正的银行账号，可以随时接受汇款，还有通过"支付宝"这一第三方软件接收网络捐款，这些方式均是快捷方便的，并且对每一项捐款都会开具正规的发票，捐款者选择邮寄或者自取的方式接收发票。

六 结语

通过对北京 X 基金会员工访谈资料的分析，可以了解当前北京一家典型的民间 NGO 资金获取的部分现状、困境，本文并提出相应的应对建议。本文的研究成果可以丰富已有的研究，为目前 NGO 的工作人员处理筹资问题和未来 NGO 资源获取研究提供一定的参考。未来的研究可以扩大样本，通过比较不同类型的 NGO 和不同层次的 NGO 在资金获取上的异同，深化现有的成果。

参考文献

邓宁华（2011）："我国非营利组织能力：资源状况检视"，《阅江学刊》，第 6 期，第 56-61 页。

郭国庆、李先国（2001）："国外非营利机构筹资模式及启示"，《经济理论与经济管理》，第 12 期，第 22-27 页。

郭智强、秦国柱（2008）："多渠道解决我国 NGO 资金瓶颈问题——来自香港东华三院的启示"，《东莞理工学院学报》，第 6 期，第 40-44 页。

侯江红、王红晓（2004）："论我国非政府组织的筹资举措"，《求实》，第 3 期，第 201 页。

韩树雄（2012）："欠发达地区教育 NGO 的资源获取过程研究——以服务于甘肃省少数民族地区的教育 NGO 为例"，西北师范大学硕士论文，第 3 页。

胡杨成、蔡宁（2008）："资源依赖视角下的非营利组织市场导向动因探析"，《社会科学家》，第 3 期，第 120-123 页。

康晓光、韩恒（2007）："行政吸纳社会——当前中国大陆国家与社会关系再研究"，《中国社会科学》（英文版），第 2 期，第 116-128 页。

李凤琴（2011）："资源依赖视角下政府与 NGO 的合作——以南京市鼓楼区为例"，《理论探索》，第 5 期，第 117-120 页。

刘鹏（2011）："从分类控制走向嵌入型监管：地方政府社会组织管理政策创新"，《中国人民大学学报》，第 5 期，第 91-98 页。

刘清（2005）："论 NGO 的资金筹集机制"，中国政法大学硕士论文，第 27-38、50 页。

马迎贤（2005）："非营利组织理事会：一个资源依赖视角的解释"，《经济社会体质比较》，第 4 期，第 81-86 页。

孙志祥（2001）："北京市民间组织个案研究"，《社会科学研究》，第 1 期，第 103-109 页。

童雅芬（2006）："非营利组织的迷思与出路——基于政府资源的视角"，《天水行政学院学报》，第4期，第14－17页。

王名（2007）："中国NGO的发展现状及其政策分析"，《公共管理评论》，第1期，第132－150页。

王名（2006）："英国NGO的发展及对我国的启示［EB/OL］"，http://www.cydf.org.cn/shiyong/html/lm__144/2006-10-25/144010.htm，2013年4月5日访问。

杨团（1999）："美国非营利组织管理"，《中国民政》，第10期，第41－42页。

周批改、周亚平（2004）："国外非营利组织的资金来源及启示"，《东南学术》，第1期，第91－95页。

周艳玲、姜继为（2008）："论NGO资源汲取能力的强化"，《江汉论坛》，第11期，第87－89页。

Frolic, B. M. (1997). State led Civil Society. In T. Brook & B. M. Frolic (eds.), *Civil Society in China*. New York: M. E. Sharp.

Yang, G. B. (2005). Environmental NGOs and Institutional Dynamics in China. *The China Quarterly*, 181, 46–66.

Teets, J. C. (2009). Post-Earthquake Relief and Reconstruction Efforts: The Emergence of Civil Society in China? *The China Quarterly*, 198, 330–347.

Lu, Y. Y. (2007). The Autonomy of Chinese NGOs: A New Perspective. *China: An International Journal*, 5 (2), 173–203.

Obstacles and Strategies of Fund-raising of Grass-root NGOs: A Case Study of X Foundation in Beijing

Yuhong Zhu　Si Liu

(Renmin University of China)

Abstract: In recent years, non-government organizations have been emerging in an endless stream in China. The financing problems have become salient obstacles for the existence and development of NGOs, especially for grass-root NGOs. However, the fund-raising strategies for grass-root NGOs have not been explored in depth by existing studies. Through analyzing the materials obtained from participatory observation and in-depth qualitative interviews in X Foundation in Beijing, this paper reveals that the main problems of fund-raising for grass-root NGOs in China included small-scale fund, irrational fund structure of the sources, and lacking of profession in fund-raising. Implications and suggestions were put forwarded at the end of this paper.

Key words: grass-root NGOs, fund-raising, private donations

[征稿启事]

《中国社会工作研究》征稿启事

为推动社会工作专业在中国的发展，加强各院校、机构及相关方面专业人士之间的联系，中国社会工作教育协会决定与出版机构合作出版《中国社会工作研究》。本集刊为小16开本，每本25万字左右，计划每年出版两本。特此向全国专业界人士征集稿件，同时也欢迎中国香港、台湾，以及海外专业界人士来稿。

一 出版宗旨

①推动社会工作专业在中国的发展。协会希望借出版集刊的机会，总结中国社会工作专业发展的经验，介绍西方社会工作研究成果，以推动中国社会工作专业发展。

②推动学术自由，促进社会工作研究的规范化。本集刊提倡用严谨的社会工作研究方法开展社会工作理论与实务研究，提倡广大作者充分发表不同的学术观点，共同探索中国社会工作专业的发展道路，以满足中国社会发展对社会工作专业的需求。本集刊要求来稿遵循国际公认的学术规范，共同推动中国社会工作研究的规范化。

③推动专业理论与实务工作的结合。本集刊希望通过发表实务研究报告和论文，推动理论与社会工作实务的结合。

④推动社会工作专业知识在中国的创新。社会工作是一个新学科、新专业，它的发展与成熟需要不断有新探索、新发现，不断创造新的知识，完善知识和学科体系。中国社会工作在这方面既有迫切的需要，也有创造的空间。因此，这也就必然成为本集刊的任务。

⑤推动对本土知识的总结和积累。在我国传统文化和现实社会中，存在大量可以用来建构社会工作知识的元素，对其进行总结，推动本

土社会工作知识的积累是专业人士不可推卸的责任,也是中国社会工作参与国际社会工作发展进程的必然要求。

二 来稿要求

①稿件范围:本集刊欢迎一切社会工作、社会福利、社会政策以及相关社会理论方面的学术论文、研究报告、学术评论、书评和学术动态综述。一般来稿以 10000 字为限(包括注释和参考文献),特殊稿件可增至 15000 字,书评和学术动态综述以 3000~4000 字为限。

②来稿必须遵循国际公认的学术规范,引文注释必须清楚准确,论述言之有据,论证逻辑全文一致,使用研究方法和分析工具清楚、准确。来稿应特别注意社会工作专业术语的规范性。在专业术语的使用上,一般专业术语可参考《社会工作概论》(王思斌主编,高等教育出版社,1999 年第 1 版),国际通用术语可参照美国社会工作者协会(NASW)出版的《社会工作词典》或《社会工作百科全书》(均为英文)。特殊术语应给出明确界定,或注明出处,如属翻译术语请用圆括号附原文。文章格式可参考《社会学研究》(中国社会科学院社会学研究所)或《中国社会科学季刊》(香港)。

③来稿中出现外国人名时,一律按商务印书馆出版的《英文姓名译名手册》翻译,并在第一次出现时用圆括号附原文,以后出现时不再附原文。

④海外来稿主题应是与中国问题相关或是对中国社会工作及中国社会发展有借鉴价值的理论与实务研究,同时也欢迎具有普遍价值的理论与实务研究论文。

⑤来稿请同时寄上打印稿一式三份和软盘一份。软盘请以 HTML 文件格式存储。来稿一律不退,请自留底稿。来稿请在封面上打印如下内容:文章标题、作者及简介(包括学位、职称、工作单位)、联络办法(包括寄信地址、E-mail、电话、传真)。内文请勿署名。

⑥本书编辑对稿件有修改和删改权,如不同意请注明。

⑦来稿请自备副本,概不退稿。采用与否,编辑部均于 3 个月内通知作者,作者可自行处理稿件。

⑧来稿文责由作者自负,来稿必须未经正式出版,本集刊严禁一

稿多投。

⑨被本集刊选中出版的稿件，著作权属于作者本人，版权属于中国社会工作教育协会。

⑩来稿要求以中文写作，来稿请附200字的中英文摘要。

投稿本集刊的文章，即视为作者同意上述约定。

来稿请寄：中国社会工作教育协会《中国社会工作研究》编辑部。

地址：北京大学社会学系中国社会工作教育协会秘书处（法学楼5246室）。

邮编：100871；请在信封上注明"来稿"字样。

欢迎通过电子邮件投稿和联络，邮址为：caswe@sohu.com。

三 审稿制度

为保证集刊的质量，本集刊对来稿采用匿名审稿制度。

①所有来稿首先经编辑委员会进行初审，主要审查稿件的一般规范、稿件是否与出版宗旨相符。

②通过初审的稿件即送交不少于两名学术评审委员会委员或相关学科的专家进行匿名评审。

③稿件是否采用，基本以评审委员的评审意见为准，当两位评审委员意见不一致时，由主编最终决定是否采用。

四 来稿文献征引规范

投稿本集刊的作者，请遵循以下文献引征规范。

①为保护著作权、版权，投稿本集刊的文章如有征引他人著作，必须注明出处。应包括：作者/编者/译者、出版年份、书名/论文题目、出版地、出版者，如是对原文直接引用则必须注明页码。

②参考文献应在文章末尾列出征引出处，在文内则简要列出作者/编者姓名和年份，例如：

（正文）对于处于初步专业化的社会工作来说，应采取这种专门化的发展模式，而在专业化程度比较高的阶段，就应采取整合的社会工作模式（李增禄，1996）。

（文末）李增禄（1996）:《社会工作概论》，台北：巨流图书公司。

例如：征引书籍

对作者的观点做综述性引用：

（文内）（Richmond，1907）

（文末）Richmond, M. (1907). The Good Neighbor in the Modern City. Philadelphia: J. B. Lippincott.

（文内）（李增禄，1996）。

（文末）李增禄（1996）:《社会工作概论》，台北：巨流图书公司。

引用原文应注明页码，如：

（文内）（李增禄，1996）

（文末）李增禄（1996）:《社会工作概论》，台北：巨流图书公司，第25页。

说明：英文参考文献中，书名请用斜体字；中文参考文献中，书名请用书名号。

例如：征引文集中的单篇文章

（文内）（Hill，1987）

（文末）Hill, J. (1987). Evaluating Effectiveness. In J. Harding (ed.), Probation and the Community: A Practice and Policy Reader (pp. 226-238). London: Tavistock.

（文内）（阮曾媛琪，1999）

（文末）阮曾媛琪（1999）:"迈向21世纪香港社会工作的趋势、挑战与使命"，载何洁云、阮曾媛琪主编《迈向新世纪社会工作理论与实践新趋势》，香港：八方文化企业公司，第441~472页。

说明：英文参考文献中，书名请用斜体字，并标明页码；中文参考文献中，文章题目请用引号，书名请用书名号，并标明页码。

例如：征引期刊中的单篇文章

（文内）（Reamer，1998）

（文末）Reamer, F. G. (1998). The Evaluation of Social Work Ethic. Social Work, Vol. 43, No. 3, pp. 488-500.

（文内）（王思斌，1995）

（文末）王思斌（1995）："中国社会工作的经验与发展"，《中国社会科学》，第 2 期，第 97～106 页。

说明：英文参考文献中，刊名请用斜体字；中文参考文献中，文章题目请用引号，刊名请用书名号，并标明页码。

③转引文献，应注明原作者和所转引的文献，如：

（文内）在成立大会上，会长崔乃夫对社会工作做了如下界定："社会工作是……"（崔乃夫，1991）。

（文末）崔乃夫（1991）：《1991 年 7 月 5 日在中国社会工作者协会成立大会上的讲话》，转引自《中国社会工作百科全书》，1994 年第 1 版，第 2 页，北京：中国社会出版社。

④在文献的使用中，请避免使用"据统计……""据研究……"字样。使用文献、数据必须注明准确的出处。

⑤参考文献的排序采取中文、英文分别排列，中文在前，英文在后；中文按作者姓氏的汉语拼音、英文按作者姓氏分别以字典序列排列。

⑥作者对文内需要进一步说明的，采用脚注，序号一律采用"①、②、③……"

⑦行文中，外国人名第一次出现时，请用圆括号附原文，文章中再次出现时则不再附原文。在英文参考文献中，外国人名一律姓氏在前，名字以缩写随后，以逗号分隔。

如：Mary Richmond 应写为：Richmond, M.

中国人的外文作品，除按外文规范注明外，在文末应在其所属外文姓名之后以圆括号附准确的中文姓名，如无法确认中文姓名则不在此列。

⑧外国人名、地名的翻译以商务印书馆 1983 年出版的《英语姓名译名书册》和《外国地名译名书册》为标准。

中国社会工作教育协会

《中国社会工作研究》编辑委员会

图书在版编目（CIP）数据

中国社会工作研究．第11辑／王思斌主编．—北京：
社会科学文献出版社，2014.7
ISBN 978-7-5097-6223-3

Ⅰ.①中… Ⅱ.①王… Ⅲ.①社会工作-研究-中国
Ⅳ.①D632

中国版本图书馆CIP数据核字（2014）第146822号

中国社会工作研究　第十一辑

编　　者／中国社会工作教育协会
主　　编／王思斌

出 版 人／谢寿光
出 版 者／社会科学文献出版社
地　　址／北京市西城区北三环中路甲29号院3号楼华龙大厦
邮政编码／100029

责任部门／社会政法分社（010）59367156　责任编辑／杨桂凤　谢蕊芬　胡亮　任晓霞
电子信箱／shekebu@ssap.cn　　　　　　　　责任校对／岳书云
项目统筹／童根兴　　　　　　　　　　　　　责任印制／岳　阳
经　　销／社会科学文献出版社市场营销中心（010）59367081　59367089
读者服务／读者服务中心（010）59367028

印　　装／三河市尚艺印装有限公司
开　　本／787mm×1092mm　1/16　　印　张／12.75
版　　次／2014年7月第1版　　　　　字　数／200千字
印　　次／2014年7月第1次印刷
书　　号／ISBN 978-7-5097-6223-3
定　　价／35.00元

本书如有破损、缺页、装订错误，请与本社读者服务中心联系更换
版权所有　翻印必究